AUTISMO Y EDUCACIÓN

LA MANERA EN QUE YO LO VEO

DRA. TEMPLE GRANDIN

Lo Que las Padres y las Maestras Necesitan Saber

AUTISMO Y EDUCACIÓN: LA MANERA EN QUE YO LO VEO

Todos los derechos de comercialización y publicación garantizados y reservados por:

FUTURE HORIZONS

(817) 277-0727

(817) 277-2270 (fax)

info@fhautism.com

www.fhautism.com

Traducido por Isabel Sanllehi Palet

ISBN: 9781957984742

CONTENIDO

PREFACIO . . . . **VII**

RESPUESTAS A LASPREGUNTAS MÁS COMUNES . . . . **IX**

Cómo evaluar eficazmente un programa de educación temprana para un niño que no verbaliza x

Recomendaciones para niños mayores y respuestas a las preguntas más comunes xi

Lecturas complementarias xiv

CAPÍTULO UNO
LA IMPORTANCIA DE UNA INTERVENCIÓN EDUCATIVA TEMPRANA **1**

Mi programa de intervención temprana 4

Referencias y lecturas complementarias 7

NO TE SIENTAS ATRAPADO POR ETIQUETAS **9**

El autismo es un espectro enorme 10

Coincidencias entre ADHD y Autismo 12

Etiquetas necesarias para los servicios médicos o escuelas 14

Referencias y lecturas complementarias 16

PROGRAMAS DE CALIDAD ECONÓMICOS PARA NIÑOS CON ASD **19**

DISTINTOS TIPOS DE PENSAMIENTO EN EL AUTISMO **23**

Pensadores visuales (visualizadores de objetos) 25

Pensadores musicales y matemáticos (visual-espacial) 26

Pensadores verbales 27

Referencias y lecturas complementarias 28

AUTISMO Y EDUCACIÓN: LA MANERA EN QUE YO LO VEO

Recursos para niños de codificación informática 29

MAYORES EXPECTATIVAS PRODUCEN MEJORES RESULTADOS 31

ENSEÑAR A TURNARSE Y LA CAPACIDAD DE ESPERAR 35

Enseñar a turnarse 36

Lecturas complementarias 37

¿QUÉ ESCUELA ES MEJOR PARA MI HIJO CON TEA? 38

Escuelas especiales para niños con TEA 39

Clases eficaces para niños con TEA 40

CAPÍTULO DOS

ENSEÑANZA Y EDUCACIÓN 41

¿Incorporar o no incorporar? 44

El viaje de los padres hacia la culpa 47

Momentos para enseñar 48

Lecturas complementarias 49

ENCONTRAR LAS ÁREAS DE FORTALEZA 50

Construyendo fortalezas 51

ENSEÑAR CÓMO GENERALIZAR 53

Enseñar conceptos como el peligro 54

LA IMPORTANCIA DE DESARROLLAREL TALENTO 56

ENSEÑAR A GENTE CON AUTISMO A SER MÁS FLEXIBLE 58

ENSEÑAR CONCEPTOS A NIÑOSCON AUTISMO 61

Referencias 63

APRENDER NORMAS Y PENSAR DE ABAJO HACIA ARRIBA 64

Más conceptos abstractos 66

COMPRENSIÓN LECTORA 68

Proporcionar los fundamentos para la comprensión lectora 68

CONTENIDO

Empezar por lo concreto 69

Mezcla preguntas abstractas 69

Da una variedad de ejemplos 69

Desmontar la complejidad 70

MOTIVAR A LOS ESTUDIANTES **72**

Traer revistas de comercio a la biblioteca 74

HACER QUE LOS NIÑOS LEAN **75**

Referencias 77

LOS VIDEOJUEGOS Y PASAR DEMASIADO TIEMPO FRENTE A UNA PANTALLA

TIENE UN EFECTO NOCIVO PARA EL DESARROLLO DEL NIÑO **78**

Tiempo libre con dispositivos electrónicos 79

Los padres en industrias tecnológicas restringen el uso de dispositivos electrónicos ..80

Amigos a través de juegos de múltiples jugadores por internet 81

¿Cómo pueden ser perjudiciales los videojuegos? 82

Referencias 83

TERAPIAS CON ANIMALES PARAEL AUTISMO **87**

Tipos de perros de servicio 88

Normas para acceder a lugares públicos con perros 89

Preguntas que hay que hacer al seleccionar un proveedor de perros de servicio 90

Perros y caballos de terapia 92

Referencias y lecturas complementarias 92

Más información 96

LA IMPORTANCIA DE ELEGIR **97**

La escuela adecuada para mí 97

Limitar el acceso a los videojuegos 98

Personalizar la higiene personal 98

Adquirir habilidades de la vida diaria 99

AUTISMO Y EDUCACIÓN: LA MANERA EN QUE YO LO VEO

LA IMPORTANCIA DE LAS HABILIDADES DE RESOLVER PROBLEMAS PRÁCTICOS **100**

APRENDER A HACER TAREASQUE LA GENTE APRECIA **103**

EL APRENDIZAJE NUNCA TERMINA **106**

Internet en mi mente 106

Exponerse a cosas nuevas es esencial 107

Hacer tareas 108

PREFACIO

RESPUESTAS A LAS PREGUNTAS MÁS COMUNES

POR TEMPLE GRANDIN

Este libro, centrado en la educación, pretende abordar algunas de las preocupaciones recientes planteadas por adultos que se encuentran en el espectro del autismo. Asimismo, su propósito es poder ayudar a padres y profesores a evitar quedarse excesivamente cerrados en la etiqueta del autismo, y no poder ver al niño en su totalidad. A menudo, las capacidades de los niños autistas se subestiman, y esto debe cambiar.

Hoy en día, los padres que reciben el diagnóstico de que su hijo pequeño tiene autismo se encuentran con diversos puntos de vista respecto al mejor tipo de terapia; muchos de ellos, contradictorios. Todos los especialistas en autismo coinciden en que los niños de dos a cinco años que todavía no hablan deben recibir terapia. Lo peor que puede hacer un padre ante esta situación es no hacer nada, y permitir que el niño se distraiga con dispositivos electrónicos. El niño debe iniciar la terapia inmediatamente. Si no hay terapias disponibles, un estudiante o adulto mayor podría ofrecerse como voluntario para trabajar con el niño.

Respecto a las diversas opciones de terapias, adultos autistas han recurrido a la creación de comunidades online en sitios web y otros medios en línea donde se oponen rotundamente al uso de ABA (Análisis de Comportamiento Aplicado) como tratamiento para el autismo. Algunos de estos opositores fueron sometidos a duros castigos ABA, que los obligaron a sufrir una sobrecarga sensorial. También se critica el excesivo énfasis en el cumplimiento y no se trabajaba suficiente en el desarrollo de las habilidades del niño.

Otro hecho que sus opositores destacan, es que dado que ABA es un tratamiento cubierto por seguros, empresas de capital privado han comprado prácticas de ABA. Descubrieron que estas clínicas eran una inversión financiera lucrativa, lo que puede proporcionar un incentivo económico para enseñar a todos los niños bajo el mismo programa estándar. El incentivo para obtener más dinero del seguro también puede motivar a una clínica a recomendar cantidades excesivas de terapia, lo que a su vez puede llevar a la contratación de personal poco capacitado para manejar una gran cantidad de casos. Una buena clínica ABA adaptará cuidadosamente cada programa para satisfacer las necesidades específicas de cada niño.

Cómo evaluar eficazmente un programa de educación temprana para un niño que no verbaliza

Los niños pequeños de entre dos y cinco años que no hablan necesitan entre 10 y 20 horas semanales de enseñanza individualizada con un maestro. Ese profesor podría ser un terapeuta ABA, un terapeuta ocupacional, un logopeda, un padre o un adulto mayor. He observado que los maestros más eficaces son los que demuestran una habilidad para involucrar al niño y lograr progresos. Hay cuatro formas sencillas de evaluar la eficacia de un maestro:

1. El niño comienza a aprender y a utilizar más palabras.
2. El niño aprende a esperar y turnarse en los juegos. Esto ayuda a reducir el comportamiento impulsivo en el niño.
3. El niño aprende cada vez más habilidades, como por ejemplo lavarse las manos, comer con cubiertos y ponerse una chaqueta.
4. El niño disfruta yendo a terapia. Si el niño odia la terapia, se debe cambiar el programa.

PREFACIO

Recomendaciones para niños mayores y respuestas a las preguntas más comunes

Cuando yo tenía cinco años, ya había aprendido a hablar y no necesitaba terapia individual con un profesor. Una de mis preocupaciones es que las clínicas que están ganando dinero a base de un seguro tenga un incentivo en continuar la terapia intensiva más allá de la duración indicada. Si un niño no aprende el lenguaje de forma rápida, debe proporcionársele un modo alternativo de comunicarse, como el lenguaje de signos, un aparato electrónico de comunicación o un tablero de fotos.

Recuerdo la frustración de no ser capaz de comunicarme. A veces intentaba comunicarme gritando. Las crisis y la agresión pueden ser provocadas por la falta de un método para comunicarse o por una sobrecarga sensorial. Algunas personas autistas tienen más probabilidades de volverse agresivas en ambientes ruidosos, ya que su sistema sensorial puede ser más sensible a ruidos fuertes y repentinos.

Una pregunta común que me hacen es: "¿Debería permitirse que un niño se estimule?". Estimularse es un comportamiento repetitivo, como balancearse o hacer girar objetos. A mí me permitían estimularme una hora después de comer y luego por la noche. Me ayudaba a calmarme. No me estaba permitido estimularme cuando estábamos en la mesa. Otra pregunta que se repite es el "camuflarse" y suprimir el comportamiento autista para parecer más "normal". Por ejemplo, aprendí a no morderme las uñas delante de los demás. Sustituí la estimulación con intrincados garabatos que hacía en una hoja de papel. Este "estímulo" no molesta a la gente. Más ejemplo de los métodos que utilizaba están descritos detalladamente en mi libro *Pensar en dibujos*, ahí dedico varios capítulos al uso de diversos métodos sensoriales eficaces. Uno de ellos era utilizar mi licuadora cada día para calmarme. Algunas personas querían quitármela, lo que habría sido muy perjudicial para mí. También solía ver los episodios viejos de *Star Trek* al final de la tarde para calmarme.

Otra pregunta común es acerca del agotamiento autista en adultos jóvenes. Muchos defensores sostienen que este agotamiento se debe a tener que "camuflar" constantemente el comportamiento autista para parecer más normal. En muchas de mis publicaciones, he escrito sobre serios problemas con ataques de pánico y ansiedad asociados a este agotamiento. Experimenté estos problemas principalmente durante mi juventud. El estrés causado por los ataques de pánico terminó por dañar mi cuerpo. Cuando tenía alrededor de treinta, mi salud estaba sumamente deteriorada por constantes colitis. En mi libro *Pensar en dibujos* hay una descripción completa de mis síntomas. Estos eran similares al agotamiento autista descrito por algunos expertos.

Durante mis treintas, comencé a tomar una dosis baja de antidepresivos. Mi ansiedad se redujo, y mis problemas de colitis se eliminaron casi por completo. He estado tomando la misma dosis de antidepresivos durante cuarenta años, y descubrirlos realmente me ayudó a detener y revertir el proceso de daño en mi cuerpo. De haber comenzado antes, quizá podría haberme evitado los síntomas del agotamiento autista. Discuto en mayor detalle sobre estos y otros medicamentos en mi libro *Como yo lo veo y Pensar en dibujos*.

Quiero poner énfasis en la forma en que actualmente se medica excesivamente a los niños. Hay padres que me han contado que a sus hijos de escuela elemental les han recetado entre cuatro y siete tipos distintos de medicamentos. Ellos me indican que cada vez que el niño tenía un problema de comportamiento, le daban una nueva receta. Este modus operandi tiene sus efectos perjudiciales, ya que más de alguno de estos medicamentos tiene asociados graves efectos secundarios, tales como la obesidad.

Recientemente, asistí a un encuentro donde adultos jóvenes autistas discutían acerca del acto de "camuflarse". A partir de esto surgieron diferentes causas del agotamiento autista, como por ejemplo las situaciones sociales en las que hay charlas rápidas entre los participantes. Mi cerebro no es lo suficientemente rápido para procesar y seguir dichas conversaciones. Normalmente evito los encuentros donde es más frecuente dicho tipo de conversación. Los asistentes al evento también mencionaron experimentar problemas de oído en entornos ruidosos. Yo y otros miembros del encuentro estuvimos de acuerdo en que aprender habilidades sociales básicas, como ser educado, no es difícil, y que cierto grado de "ocultamiento" o "camuflaje" es necesario para sobrevivir la vida en sociedad. Una señora dijo que hay una delgada línea entre ocultarse levemente y suprimir la propia identidad. Yo expreso mi identidad vistiendo ropa vaquera, pero tuve que aprender a mantener mi apariencia personal limpia y mis modales educados.

Los adultos autistas más felices que he conocido tienen carreras que aman, donde tienen muchos amigos gracias a los intereses que comparten. Para mí, la mejor conversación es sobre temas interesantes, tales como el comportamiento animal, la construcción, el autismo y la investigación cerebral. Esta nueva edición de *Como yo lo veo* tiene como propósito ayudar a niños y adultos autistas a lograr descubrir todo su potencial y a desarrollarse de manera feliz y plena.

Lecturas complementarias

Advisory.com (2022) Private equity in autism care: The advantages and trade-offs, www.advisory.com/dailybriefing/2022/08/16/autism-private-equity.

ASAN – Our motto: What is "nothing about us without us?" https://autisticadvocacy.org/about-asan/what-we-believe/.

Bannow, T. (2022) Parents and clinicians say private equity's profit fixation is short changing kids with autism, www.statnews.com/2022/08/15/private-equity-autism-aba-therapy/.

Bascom, J. (2020) Problematic and traumatic: Why nobody needs ABA, https://autisticselfadvocaatesagainstaba.wordpress.com/2020/04/13/problematic-andtraumatic-why-nobody-needs-aba/

Cook, J. et al. (2021) Camouflaging in autism: A systematic review, *Clinical Psychology Review*, Vol. 89, 102080.

Danesh, A.A. et al. (2021) Hyperacusis in Autism Spectrum Disorders, *Audiology Research*, 11:547-556.

Fry, E. (2022) Private equity is the biggest plyer in the booming autism therapy industry: Some therapists say the money grab is hurting the quality of care, Fortune.com.

PREFACIO

Leaf, J.B. et al. (2022) Concerns about ABA based interventions: An evaluation and recommendation, *Journal of Autism and Developmental Disorders*, 52(6):2838-2853.

University of California, San Francisco. First-hand perspectives on behavioral intervention for autistic people and people with other developmental disorders, https://odpc.ucsf.edu/training/best-practices-behaviorsupport/first-hand-perspctives-on-behavioral-interventions-for-autisticpeople.

Van der Boogert, F. et al. (2021) Sensory processing and aggressive behavior in adults with autism spectrum disorder, *Brain Science*, 11(1)95.

Yu, Q. et al. (2020) Efficacy of interventions based on applied behavior analysis for autism spectrum disorder: A meta-analysis, *Psychiatry Investigation*, 17(5):432-443.

CAPÍTULO UNO

LA IMPORTANCIA DE UNA INTERVENCIÓN EDUCATIVA TEMPRANA

Lo mejor que puede hacer un padre de un niño recién diagnosticado es observar a su hijo, sin nociones ni juicios preconcebidos, y aprender cómo funciona, actúa y reacciona ante su mundo.

Tanto la experiencia de investigación como la práctica demuestran que un programa educativo intensivo, en el que el niño reciba un mínimo de veinte a veinticuatro horas semanales de educación por parte de un profesor bien preparado, mejora considerablemente la prognosis. El cerebro de un niño todavía se encuentra en desarrollo, y está evolucionando constantemente. A esta edad, las vías neuronales son altamente maleables, y la educación intensiva es capaz de reprogramar una conexión defectuosa que esté impidiendo que el niño aprenda. Además, los comportamientos en el niño todavía no se han arraigado. Costará menos práctica cambiar un comportamiento inapropiado a la edad de dos o tres años que cambiar el mismo comportamiento a la edad de seis o siete años. Para entonces, el niño ha estado haciendo las cosas de esa manera durante años y es un comportamiento solidificado en la conducta, por lo que el proceso de cambio es más lento y difícil.

Para programas a edades tempranas, los programas ABA (Análisis Aplicado al Comportamiento) que usan aprendizajes de prueba discretos cuentan con la mayor documentación científica. Otros programas, como el programa Denver que empieza a una edad temprana, se ha validado en un ensayo aleatorio. Otros programas basados en evidencias son la respuesta fundamental, terapia del lenguaje y terapia ocupacional.

El espectro autista es amplio y diverso. Los niños pueden tener distintas formas de pensar y procesar la información, y es importante sintonizar un método de intervención de aprendizaje con el perfil y personalidad del niño. En internet se pueden encontrar descripciones detalladas de distintos tipos de programas de intervención temprana.

Un libro que yo recomiendo es *Early intervention and Autism: Questions for real life, Answers for real life* del Dr. James Ball (2012) en Future Horizons, Inc. Mientras que este libro está escrito para padres de niños que han sido diagnosticados recientemente, más de tres cuartas partes de la información sobre las intervenciones, estrategias de enseñanza eficaces, planificación de programas, y gestión del comportamiento son valiosas para padres de niños de todas las edades.

Mi programa de intervención temprana

Tuve un fantástico programa de educación temprana que comenzó a la edad de dos años y medio. Por aquel entonces, yo presentaba todos los síntomas clásicos del autismo, incluido el no hablar, no sostener el contacto visual, berrinches y comportamiento repetitivo. Durante esa época, los médicos no sabían nada acerca del autismo, pero mi madre no aceptó que no se pudiera hacer nada para ayudarme. Tenía la determinación, y sabía que dejarme continuar sin tratamiento sería lo peor que podría hacer. Obtuvo consejo de un sabio neurólogo que la hizo ir a un terapeuta del habla para que trabajase conmigo. Era tan bueno como los especialistas del autismo de hoy en día.

El talentoso terapeuta del habla trabajó conmigo durante tres horas a la semana realizando una enseñanza del tipo ABA; descomponiendo habilidades en componentes pequeños, enseñándome cada componente por separado mediante ejercicios repetitivos, y pronunciaba cuidadosamente sonidos de consonantes fuertes de forma que pudiera oírlos. En la escuela de terapia del habla, también asistí a una guardería altamente estructurada con cinco o seis otros niños que no eran autistas. Algunos de los niños tenían Síndrome de Down. Esas clases duraban ocho horas a la semana.

Mi niñera fue otra parte crítica de mi terapia temprana. Pasaba 20 horas a la semana manteniendo mi mente ocupada. Por ejemplo, al jugar de forma repetitiva respetando los turnos entre mi hermana y yo. Me proporcionó de lecciones tempranas de habilidades sociales, aunque en aquella época no se le considerara así. En el reino del juego, mantenía mi cerebro ocupado y me entretenía en actividades para que en su mayoría implicaban lecciones de respeto de los turnos y socialización. En invierno, salíamos fuera a jugar con la nieve. La niñera traía un trineo y mi hermana y yo debíamos turnarnos para deslizarnos colina abajo. En verano, nos turnábamos en el columpio. También nos enseñaron a sentarnos a la mesa y a tener buenas modales en ella. Se tejían oportunidades de enseñar y aprender en la vida diaria.

A los cinco años, jugábamos a muchos juegos de mesa, como el Parchís y las Damas Chinas. También tenía un fuerte interés por el arte por lo que hice muchos y diferentes proyectos. Durante la mayor parte del día, tenía la obligación de mantener mi cerebro sintonizado con el mundo. No obstante, mi madre se dio cuenta de que mi comportamiento servía a un propósito, y que el cambio de esos comportamientos no sucedería de un día al otro. Tenía una hora al día, después de comer, en la que podía volver a mi repetitivo comportamiento autista sin consecuencias. Durante esa hora, tenía que quedarme en mi habitación. A veces pasaba toda la hora dándole vueltas a una arandela de cobre que cubría un tornillo que sujetaba el marco de mi cama. La hacía girar a diferentes velocidades y me fascinaba ver cómo las diferentes velocidades afectaban al número de veces que giraba la arandela de cobre.

Lo mejor que puede hacer un padre o madre de un niño que ha sido diagnosticado recientemente es observar a su hijo. Sin pensamientos ni juicios preconcebidos, y observar cómo se comporta, actúa y reacciona frente a su propio mundo. Mi nuevo libro "Navegando por el Autismo" ayudará a muchos padres a no estar bloqueados por una etiqueta y a subestimar las capacidades de sus hijos. Es información de un valor incalculable para encontrar un tratamiento que concuerde bien con el estilo de aprendizaje del niño y sus necesidades. Lo peor que un padre o madre puede hacer con un niño autista es no hacer nada. No importa si el niño ha sido diagnosticado formalmente del trastorno del espectro autista (ASD) o de manera menos definida, como con un retraso global del desarrollo. No importa si el niño todavía no ha sido diagnosticado; si existen signos de que el niño pueda estar en el espectro (grave retraso en el habla, comportamiento extraño y/o repetitivo, no se mezcla con gente de su entorno, etc.), no debe permitirse que el niño se quede sentado haciendo movimientos repetitivos todo el día, o por el contrario, haciendo bailar a todo el mundo alrededor suyo.

Padres, pongan atención: **no hacer nada es lo peor que pueden hacer.** Si tienen a un niño de tres años que no habla, que muestra signos de comportamiento autista, necesitan empezar a trabajar con el niño ahora mismo. Si los signos aparecen antes de los tres años, aún mejor. No esperen seis meses más o incluso un año si el pediatra les sugiere "esperar y ver", o les dice que "los niños se desarrollan más tarde que las niñas", o que "no todos los niños empiezan a hablar a la misma edad". Mi consejo de actuar ahora se ve doblemente enfatizado si el lenguaje de su hijo empezó a desarrollarse más tarde o si está demostrando una regresión en su lenguaje y/o comportamiento.

Los padres pueden verse en largas listas de espera tanto para un diagnóstico como para los servicios de intervención temprana. En algunos casos, el niño ya tendrá una edad no cubierta por el sistema de intervención estatal temprana (desde el nacimiento hasta los tres años) para cuando su nombre aparezca en lo alto de la lista. Hay muchas cosas que los padres pueden hacer para empezar a trabajar con el niño antes de que empiece una intervención profesional formal. Jueguen con turnos y fomenten el contacto visual. Los adultos mayores que tienen mucha experiencia con niños, especialmente las abuelas, pueden ser muy eficaces. Si no pueden obtener los servicios profesionales para su hijo, necesitan empezar a trabajar con él de manera informal lo antes posible.

CAPÍTULO 1: LA IMPORTANCIA DE UNA INTERVENCIÓN EDUCATIVA TEMPRANA

Este libro y el de Raun Kaufman, *El avance del autismo*, servirán de guía sobre cómo realizar ese trabajo con sus hijos. La mejor parte del libro de Kaufman son las directrices de enseñanza que las abuelas y otras personas no entrenadas pueden utilizar fácilmente. Ignora las opiniones acerca de otros tratamientos. No permitas que los niños de menos de cinco años utilicen *tablets*, teléfonos u otros dispositivos electrónicos. Con niños, el tiempo que pueden pasar en solitario delante de una pantalla debe limitarse a una hora al día. Para los niños de menos de cinco años, cualquier actividad con dispositivos electrónicos debería una actividad interactiva con uno de los padres o un profesor. El interés por el dispositivo electrónico puede utilizarse para motivar un interés hacia juegos de turnarse con otra persona. Durante estos juegos, deberán pasarse el teléfono uno a otro por turnos. Son muchos los niños que están desconectados del mundo circundante por los aparatos electrónicos. En niños mayores, jugar a videojuegos debería limitarse a una hora al día. El uso excesivo de videojuegos y pantallas es un problema grave en individuos con autismo.

Unirse al niño y pasar tiempo con él es tan eficaz como el aprendizaje. Aunque no tengas un gran conocimiento acerca de diversos modelos de intervención con el autismo, tu intuición e inteligencia podrán guiarte respecto a lo que debes hacer. Recuerda que lo más importante es no esperar más. ¡Debes actuar ahora!

Referencias y lecturas complementarias

Adele, D. (2017) The impact of delay of early intensive behavioral intervention on educational outcomes for a cohort of medicaid-enrolled children with autism, Dissertation, University of Minnesota.

Ball, J. (2012) *Early Intervention and Autism: Real Life Questions, Real Life Answers*, Future Horizons, Inc., Arlington, TX.

Children's Hospital of Philadelphia (2017) Evidence-based treatment options for Autism, www.chop.edu/news/evidence-based-treatment-options-autism (Accessed June 22, 2019).

Dawson, G. et al. (2010) Randomized controlled trial of an intervention for toddlers with autism: The Early Start Mode, *Pediatrics* 125:e17-e23.

Fuller E.A. et al. (2020) The effect of the early start Denver model for Children with Autism Spectrum Disorder: a Meta-analysis, *Brain Science*, 10(6) 368.

Grandin, T. (1996) *Emergence: Labeled Autistic*, Warner, Books, New York, NY.

Grandin, T. and Moore, D. (2021) *Navigating Autism: Nine Mindsets for Helping Kids on the Spectrum*, Norton Books, New York, NY.

Gengoux, G.W. et al. (2019) A pivotal response treatment package for children with autism spectrum disorder, *Pediatrics*, Sept:144(3) doi:10.1542/peds.2019-0178

Kaufman, R.K. (2015) *Autism Breakthrough*, St. Martin's Griffin.

Koegel, L. and Lazebnik, C. (2014) *Overcoming Autism: Finding Strategies and Hope That Can Transport a Child's Life*, Penguin Group, New York, NY.

Le, J. and Ventola, P. (2017) Pivotal response treatment for autism spectrum disorder: *Current Perspectives in Neuropsychiatric Disorders Treatment*, 13:1613-1626.

NO TE SIENTAS ATRAPADO POR ETIQUETAS

U n diagnóstico de autismo no es preciso, como lo es el diagnóstico de una tuberculosis, por ejemplo. Puedes obtener una prueba de laboratorio para enfermedades como el cáncer, que es definitiva; no es el caso del autismo. En los Estados Unidos, para tener un diagnóstico de autismo, existe un perfil de comportamiento basado en un manual publicado por la Asociación de Psiquiatría Americana, llamado DSM (Manual Estadístico y Diagnóstico de Trastornos Mentales). Los perfiles de comportamiento en este manual se basan en una combinación de estudios científicos y la opinión de un grupo de médicos expertos. En 2019 se publicó un borrador de la guía del nuevo ICD-11 Internacional (Clasificación Internacional de Enfermedades), que se perfilará en este capítulo. Puesto que el ICD (Clasificación Internacional de Enfermedades, por sus siglas en inglés) se utiliza en muchos países del mundo para toda clase de enfermedades, ha sido diseñado para que sea fácil de utilizar por los médicos de atención primaria.

Cuando Richard Panek y yo trabajamos en nuestro libro *El Cerebro Autista* (2013), revisamos el historial completo del DSM. Desde los años 50 y 60 los criterios de diagnóstico para el autismo han cambiado drásticamente. Resulta sorprendente comparar todos los cambios efectuados durante los últimos 60 años. En 1980, un niño debía tener tanto un retraso en el habla como un comportamiento autista para que se le diagnosticara con autismo. En 1994 se añadió el Síndrome de Asperger, en el que el niño es socialmente raro sin ningún retraso en el habla. En 2013, se eliminaron del DSM-5 (Asociación Americana de Psiquiatría), el AS (Síndrome de Asperger) y el PDD-NOS (Trastornos Prevalentes del Desarrollo). Actualmente, estas etiquetas convergen en un trastorno amplio del espectro autista (ASD). Ya no hay ningún requisito para el retraso en el habla. Excluir el retraso en el habla hace todavía más vago el DSM-5 que el antiguo DSM-IV. Algunos científicos no consideran el retraso en el habla como un síntoma esencial de autismo, puesto que los retrasos de lenguaje y anormalidades en el habla son muy variables.

Para que una persona pueda ser etiquetada de ASD, el DSM-5 requiere que los síntomas se presenten en la más tierna infancia, pero la edad de aparición ya no se define. El DSM-5 pone el énfasis principal en las anormalidades sociales inherentes al trastorno: como los déficits de interacción social, comunicación recíproca y desarrollar y mantener relaciones con amigos. Además, el niño debe tener dos de cuatro de los siguientes síntomas: comportamiento repetitivo, adherencia a rutinas, fijación por ciertos intereses y problemas sensoriales. Los estudios han demostrado que el 91% de las personas con un diagnóstico de Asperger o PDD-NOS todavía pueden calificarse dentro del diagnóstico de ASD según el diagnóstico del DSM-5. El DSM-5 también creó un nuevo diagnóstico de comunicación social, que consiste básicamente en los problemas sociales del ASD sin el comportamiento repetitivo, fijación en ciertos intereses o problemas sensoriales. Afirmar que esto no es autismo no tiene sentido, ya que los déficits sociales son uno de los síntomas principales. Puesto que no hay fundamento para trastornos de comunicación social, muy pocos niños reciben este diagnóstico.

El autismo es un espectro enorme

Uno de los grandes problemas del diagnóstico del autismo (ASD) es que ha reemplazado un amplio espectro con un amplio rango de capacidades. Las últimas investigaciones sobre escáneres cerebrales realizadas por Aidas Aglinskas y sus colegas (2022) del Boston College demuestran que el espectro autista es un verdadero continuo. Cuando un niño crece, no hay una línea divisoria clara entre un niño nerd y uno con autismo leve. En el caso de niños pequeños (entre los dos y los cinco años), la mayoría de expertos concuerdan en que muchos tratamientos educativos tempranos mejoran significativamente la prognosis. Cuando yo tenía tres años, no hablaba y no tenía todos los síntomas típicos del autismo. La terapia del habla de tipo ABA y los juegos de turnos hicieron posible que pudiera ir a una guardería normal a la edad de cinco años. Rebecca Grzadzinski, Marisela Huerta y Catherine Lord (2013) afirman que "en términos de funcionamiento cognitivo, las personas con ASD muestran un amplio rango de capacidades, desde discapacidad intelectual grave (ID) a inteligencia superior".

Los tipos de personas con ASD varían significativamente: desde científicos informáticos en Silicon Valley a personas que nunca podrán vivir de forma independiente. Cuando se junta un rango tan amplio de capacidades, es difícil para los profesores de educación especial discernir entre los distintos niveles de capacidades. Esto provoca que, a menudo, se coloquen a niños con capacidades superiores en una clase con estudiantes con graves deficiencias. Esto hará que este niño se estanque y no pueda alcanzar su nivel.

Algunas personas han decidido utilizar el sistema de diagnóstico internacional ICD-11, que todavía incluye la etiqueta de Asperger. Una definición abreviada de autismo en el nuevo ICD-11 es: "Déficit persistente para iniciar y mantener interacciones sociales. Patrones de comportamiento e intereses restrictivos, repetitivos e inflexibles".

Cuando se llevó este libro a imprenta, recién se había publicado un borrador final del ICD-11. La etiqueta de Asperger se había retirado, y el autismo estaba descrito con seis niveles de gravedad. Me gustó este nuevo borrador, ya que proporcionaba una guía más clara. Pone mucho énfasis en si el niño o adulto tiene un trastorno del desarrollo intelectual. Cuando las terapias son efectivas, tanto un niño como un adulto pueden progresar hasta un nivel superior. A continuación, un resumen muy simplificado. Puedes acceder al ICD-11 completo en internet.

- Autismo – Tanto sin discapacidad intelectual como con un lenguaje normal (antes Antiguo Diagnóstico de Asperger)
- Autismo – Discapacidad intelectual con un lenguaje normal o casi normal.
- Autismo – Sin discapacidad intelectual y con un lenguaje funcional dañado.
- Autismo – Con un desarrollo intelectual y un lenguaje dañados.
- Autismo – Sin discapacidad intelectual y sin lenguaje.
- Autismo – Discapacidad intelectual y del lenguaje.

Coincidencias entre ADHD y Autismo

Cada etiqueta de diagnóstico cuenta con sus propios libros y reuniones de grupos de apoyo. Desgraciadamente, cada grupo puede permanecer en su propio nicho, lo que provoca una falta de interacción y comunicación entre ellos. He observado que los libros para cada diagnóstico son hablan exclusivamente de este diagnóstico, sin hacer mención a las demás etiquetas. Esto es negativo, ya que en muchos casos, hay niños que se incluyen en más de un tipo de diagnóstico. Existen cuatro etiquetas de diagnóstico interrelacionadas. Estas son: ASD, SPD (Trastorno de Procesamiento Sensorial), ADHD (Trastorno de Déficit de Atención/Hiperactividad) y los dotados. Tanto el DSM-5 y el ICD-11 permiten un diagnóstico dual de ASD y ADHD.

De hecho, tres estudios demuestran que hay una coincidencia genética del autismo con el ADHD. El mayor cruce en los factores genéticos está entre el autismo con lenguaje completo (Asperger) y el ADHD. Este es el motivo por el cual a menudo se confunda el autismo con el ADHD. Un médico puede diagnosticar a un niño de autismo y otro diagnosticar al mismo niño de ADHD. Un nuevo estudio a base de imágenes neurológicas demuestra que tanto el autismo como el ADHD presentan anormalidades estructurales similares en la parte social del cerebro. Algunos niños pueden tener gran talento en una disciplina académica, y presentar una discapacidad grave en otra. A veces un niño es etiquetado como dos veces excepcional (o 2E) y estar diagnosticado de ASD, ADHD o SPD.

Cuando se ponen al mismo tipo de estudiantes en nichos distintos, a menudo siguen caminos muy distintos. Mis observaciones indican que cerca de la mitad de los niños que se traen a conferencias sobre autismo están dotados en al menos un área, como puede ser matemáticas, música, lectura o arte. En otros capítulos, discutiré la necesidad de desarrollar estas fortalezas. Cuando asisto a conferencias de educación sobre personas dotadas, veo los niños *geeks* de la tecnología siguiendo un camino muy positivo, hacia carreras orientadas en las ciencias o las artes. Quiero dejarlo muy claro: el ASD friki y el autismo ligero son lo mismo. Hay un punto en el que ser socialmente raro es sólo una parte de las variantes normales de los humanos. Existen una nueva y fascinante investigación que demuestra que el autismo puede ser el precio a pagar por un cerebro humano. Los mismos genes que hacen que el cerebro humano sea más grande, también son la causa del autismo. Otros estudios han demostrado que los rasgos autistas están presentes de manera general en la población.

También he dado charlas a muchas empresas de alta tecnología, y es probable que casi la mitad de las personas que trabajan en ellas tengan ASD ligero. Un ejecutivo de una empresa de tecnología me dijo que sabe que tiene muchos empleados con AS o ASD ligero, pero no hablan de ello. Mucha gente que ha estudiado carreras técnicas con éxito odian la etiqueta, porque sienten que eso implica que no funcionan bien. Recientemente leí sobre un joven que sufría un retraso grave del habla, y era un aprendiz en el laboratorio de física de su padre. Había publicado varios estudios científicos antes de cumplir los 20 años. Si hubiera nacido en una situación distinta, quizá hubiera seguido un camino distinto y le habrían etiquetado con ASD.

Etiquetas necesarias para los servicios médicos o escuelas

Las escuelas y las compañías de seguros necesitan etiquetas diagnósticas para obtener servicios especiales. Por desgracia, estoy viendo demasiados niños inteligentes etiquetados con ASD. Creo que sería más sano para el niño que les pusieran en clases de arte, escritura, ciencia u otro interés especial. Demasiados niños se están convirtiendo en tan solo una etiqueta.

Cuando yo era estudiante, iba a la escuela con montones de personas socialmente raras; personas *geeks*. Si se hubiesen utilizado las directrices del DSM-5, las habrían etiquetado como personas con trastorno del espectro autista. Si se hubiese utilizado el nuevo ICD-11, se les habría puesto en la categoría del autismo más ligero, similar al diagnóstico del antiguo Asperger.

Tanto el autismo verbal total como el grado más grave de ASD a menudo parecen muy similares: en ambos casos, los niños de menos de cinco años tienen un retraso en el habla o no hablan en lo absoluto. Cuando los niños etiquetados con ASD crecen, estos pueden ir hacia dos grupos que necesitan de servicios bien distintos. A este grupo como conjunto, el DSM-5 le asigna a todos la misma etiqueta: ASD, y en programas mal gestionados, a todos se les presta el mismo servicio. Debido a esto, algunos de ellos continuarán teniendo una discapacidad grave y no logrará hablar o solo hablará parcialmente, y el otro grupo llegará a hablar perfectamente, llevar una vida independiente y hacer una carrera con éxito si recibe la intervención adecuada. Generalmente pueden ir a un colegio de secundaria o de un nivel más alto en al menos una asignatura, como lectura o matemáticas.

Existe un tercer subgrupo dentro del grupo que no habla, que parece tener una discapacidad intelectual grave. Ejemplos de este tipo son Tito Mukhopadhyay y Naoki Higashida. Ambos pueden escribir de forma independiente, y tienen cerebros completamente funcionales pero que están "atrapados". Tanto desde un punto de vista funcional como educativo, el ASD se convierte en muchas cosas distintas en niños mayores y adultos. Esto explica el motivo de tanta controversia y diferencia de opiniones dentro de la comunidad del autismo.

También me preocupan los niños que deberían ser etiquetados de ASD pero se les asignó la etiqueta de Trastorno de Oposición Desafiante (ODD por sus siglas en inglés) o Trastorno Disruptivo de Desregulación del Estado de Ánimo (DMDD, por sus siglas en inglés). En el DMDD, los síntomas son berrinches frecuentes en niños mayores de seis años, mientras que la etiqueta de ODD se utiliza en niños de todas las edades. Los síntomas principales son desafío activo, espíritu de venganza e ira sostenida. Los niños con estas etiquetas necesitan tener unos límites firmes en su comportamiento y que les den opciones, por ejemplo: hacer los deberes antes de cenar o después. Las opciones previenen que el niño se oponga diciendo "no".

Para concluir, los padres y profesores deben sacarlos del nicho del ASD. Las etiquetas DSM no son precisas: son perfiles de comportamiento. Por desgracia, nuestro sistema necesita de dichas etiquetas para obtener servicios. Recuerda pensar en servicios específicos que un niño pueda necesitar, como tutorías para leer, impedir el *bullying*, enseñanza de habilidades sociales para niños algo mayores o un programa de educación intensiva temprana para los niños de tres años que no hablan.

Referencias y lecturas complementarias

Aglinskas, A. et al. (2022) Contrastive machine learning reveals the structure of neuroanatomical variation in autism, *Science* 376(6597): 1070-1073.

American Psychiatric Association (2013) *Diagnostic and Statistical Manual of Mental Disorders* (DSM-5) Washington, D.C.: American Psychiatric Association.

Autism Europe (2018) World Health Organization updates classification of autism in the ICD-11 www.autism.europe.org (accessed June 21, 2019).

Baribeau, D.A. et al. (2019) Structural neuroimaging correlates of social deficits are similar in autism and attention-deficit/hyperactivity disorder: Analysis from the POND Network, *Translational Psychiatry*, 4(9):72doi:10.1038/s41398-019-0392-0.

Barnett, K. (2013) *The Spark: A Mother's Story of Nurturing, Genius and Autism*, Random House, New York NY.

Constantino, J.N. et al. (2003) Autistic traits in the general population: A twin study, *Archives of General Psychology*, 60:530-534.

Grandin, T., and Panek, R. (2013) *The Autistic Brain: Thinking Across the Spectrum*, Houghton Mifflin Harcourt, New York, NY.

Grzadzinski, R., Huerta, M. and Lord, C. (2013) DSM-5 and Autism Spectrum Disorders (ASDs): An Opportunity for Identifying Subgroups, *Molecular Autism*, 4:12-13. Doi:10.1186/2040-2392-4-12.

Hazen, E., McDougle, C., and Volkmar, F. (2013) Changes in the diagnostic criteria for autism in DSM-5 controversies and concerns, *The Journal of Clinical Psychiatry*, 74:739 doi:10.4088/JCP.13ac08550.

Higashida, N. and Mitchell, D. (2017) *Fall Down Seven Times and Get Up Eight: A Young Man's Voice from the Silence of Autism*, Random House, New York NY.

May, T. et al. (2018) Trends in the overlap of autism spectrum disorders and attention deficit hyperactivity disorder, prevalence, clinical management, language and genetics, *Current Disorder Reports*, 5:49-57.

Mukhopadhyay, T. (2008) *How Can I Talk if My Lips Don't Move: Inside My Autistic Mind*, Arcade Publishing, New York NY. Amazon Kindle and Barnes & Noble Nook available. Also available as audiobook from Amazon.

Pinto, R. (2015) The genetic overlap of attention-deficit/hyperactivity disorder and autistic-like traits: An investigation of individual symptom scales and cognitive markers, *Journal of Abnormal Child Psychology* doi:10.1007/s10802-015-0037-4.

Reed, G. M. et al. (2019) Innovations and changes in the ICD-11 classification of mental behavioral and neurodevelopmental disorder, *World Psychiatry*, 18 doi:10.1002/wps.20611.

Research in Autism (2019) Autism Spectrum Disorder, Diagnostic Criteria ICD-11, www.researchautism.net (Accessed January 25, 2019).

Sikela, J.M. and Sarles-Quick, V.B. (2018) Genomic tradeoffs: Are autism and schizophrenia the steep price for a human brain? *Human Genetics,* 137:1-13.

Traper, A. (2018) Discoveries in the genetics of ADHD in the 21st century: New findings and implications, *American Journal of Psychiatry,* 175:943-950.

World Health Organization (2019) ICD-11, Autism Spectrum Disorder, International Classifications of Diseases, World Health Organization, Geneva, Switzerland.

PROGRAMAS DE CALIDAD ECONÓMICOS PARA NIÑOS CON ASD

Tuve suerte de conseguir una intervención temprana (EI) y una educación de vanguardia durante mi crecimiento, a principios de los años 50. A pesar de la falta de conocimiento sobre el autismo y de cómo tratarlo (aparte de hospitalización en centros mentales, que era la norma en aquel tiempo), mi madre me apuntó a una excelente guardería de terapia del habla a la edad de tres años. Además, tuve una niñera que se pasaba horas y horas a la semana jugando a juegos de turnarse y haciendo actividades divertidas y estructuradas conmigo. Las normas de comportamiento en casa estaban bien definidas, y las formas y expectativas sociales se aplicaban de forma estricta. Por suerte, mis padres tenían dinero suficiente para pagar los programas que contribuyeron a mi desarrollo y sentaron la base para un correcto funcionamiento a medida que crecía. Ajustando el precio a la inflación, el coste de mi programa probablemente se encuentra en el rango medio, comparado con los programas de intervención que se utilizan actualmente. Muchos de los programas que están disponibles actualmente son mucho más caros.

¿Pueden los padres con un presupuesto limitado conseguir un buen programa para su niño autista? La respuesta es sí, con un poco de planificación. He hablado con padres que pusieron en práctica su propio programa EI después de leer unos cuantos libros y consiguieron la ayuda de voluntarios. Se necesita motivación y un deseo constante para ayudar a su hijo, así como conocimiento sobre el autismo. La peor cosa que los padres pueden hacer es dejar a su hijo sentado viendo la televisión todo el día, o dejarlo solo sin prestarle atención. Es un tiempo precioso, que una vez perdido nunca se va a recuperar.

Tanto la investigación como la experiencia práctica han indicado que veinte horas o más de interacción intensa con un profesor eficaz y/o adulto, puede poner en marcha la comunicación hablada y mejorar el lenguaje y otros comportamientos en niños con ASD. En muchas partes del país, la escuela pública proporcionará solamente una o dos horas a la semana de terapia con un terapeuta del habla, un terapeuta ocupacional (OT) o un especialista en comportamiento. Esto no es suficiente para que sea realmente eficaz, pero ofrece una oportunidad para enseñar a las personas que trabajan con el niño fuera de los días escolares. Esto es especialmente cierto para padres que necesitan tomar la iniciativa y proporcionar ellos mismos la enseñanza suplementaria.

Recomiendo que los padres en esta situación acudan a los terapeutas escolares que puedan educarles sobre el autismo de su hijo y enseñarles cómo hacer una mejor terapia intensiva en casa. También ayuda si los miembros de la familia o los voluntarios que trabajan con él visitan la escuela cada semana y observan cómo el terapeuta trabaja con el niño. Los profesionales pueden ofrecer tareas de terapia a los voluntarios para trabajar con el niño durante la semana. Puede recogerse una información incalculable a partir de dichas sesiones, que ninguna cantidad de lectura puede reemplazar. A la inversa, también puede servir de ayuda de vez en cuando pagar al terapeuta para que pase una hora o dos observando cómo se va desarrollando el programa en casa. A veces un pequeño cambio en el programa puede hacer un mundo de diferencia, y a menudo necesita de un ojo entrenado para detectar aspectos a mejorar en situaciones como esta. Las reuniones semanales también son un momento perfecto para discutir el progreso del niño y revisar las metas y objetivos de la semana siguiente, de forma que todos puedan llevar un registro del progreso y los cambios en el programa.

La iglesia y los grupos cívicos son un buen lugar para encontrar gente dispuesta a trabajar con un niño. Otras fuentes de ayuda incluyen estudiantes de escuelas superiores o universidades. Cuando buscas voluntarios para ayudar a tu hijo, trata de ser específico acerca de los tipos de cosas que harán. Por ejemplo, los ancianos pueden sentirse cómodos ofreciéndose para jugar con el niño, o ayudar a proporcionar ejercicios repetitivos y estructurados de forma simple, ya que son habilidades que la mayoría de gente posee. Sin embargo, la misma persona puede sentirse poco preparada si le pides "ayuda con el programa de terapia del comportamiento diseñado para un niño con autismo". La mayoría de la gente no sabe qué implica este tipo de programas, y puede pensar que solo alguien con un título universitario poseerá las habilidades necesarias para hacerlo. Asegúrate de mencionar que tú u otra persona les proporcionará la información y la educación básica sobre el autismo para que luego puedan reforzar su capacidad de manejar lo que venga. Mucha gente está realmente interesada en ayudar a los demás, siempre que tengan algo de instrucción sobre cómo hacerlo.

He observado que algunos profesores y terapeutas tienen un don para trabajar con niños con ASD y otros no. Los planteamientos pasivos no funcionan. Los padres necesitan encontrar personas, tanto profesionales como no, que sepan ser insistentes de forma suave, que mantengan al niño motivado por aprender, que su planteamiento se centre en el niño, y que estén dedicados a enseñar al niño con autismo de una forma que puedan aprender, en vez de insistir en que el niño aprenda de la forma que ellos enseñan. Haciéndolo de forma natural, hacen que el niño se interese, lo que es la base de cualquier programa eficaz para niños con autismo, sin importar el coste. Un libro práctico para aprender métodos de enseñanza es *Autism Breakthrough* de Raun K. Kaufman.

En conclusión, quiero cerrar este capítulo poniendo énfasis en que las estrategias que se basan en el área de fortaleza del niño, y que atraen a sus patrones de pensamiento, siempre serán las más efectivas.

Las estrategias que se basan en las áreas fuertes del niño y apelan a sus patrones de pensamiento serán las más efectivas.

DISTINTOS TIPOS DE PENSAMIENTO EN EL AUTISMO

Estudios recientes del cerebro, y en especial del cerebro de personas autistas, están aportando luz sobre los pilares psicológicos de nuestros pensamientos y emociones. Estamos consiguiendo una mejor comprensión de cómo se forman las vías neuronales y hasta qué punto la biología influye sobre el comportamiento.

Cuando yo era más joven, creía que todos percibían el mundo igual que yo. Es decir, que todos pensaban en imágenes. Al principio de mi carrera profesional, me enfrenté en una discusión verbal con un ingeniero y le dije que era un estúpido. Había diseñado una pieza con defectos que, para mí, eran más que obvios. Mi pensamiento visual me había dado la capacidad de realizar en mi mente una prueba sobre la pieza tal como lo haría un sistema de realidad virtual por ordenador. Al hacer esto, puedo encontrar los fallos antes de construir la pieza. Ahora me doy cuenta de que su problema no era la estupidez, sino que era la falta de pensamiento visual. Me costó años entender que la mayoría de la gente no puede hacerlo, y que las habilidades de visualización en algunas personas son casi inexistentes.

Todas las mentes con Asperger o en el espectro autista están orientadas al detalle, pero la forma en que se especializan varía. A base de preguntar a mucha gente, tanto en el espectro como fuera del espectro, he aprendido que existen tres tipos distintos de patrones de pensamiento especializado:

- Pensadores visuales que piensan en imágenes fotorrealistas, como yo.
- Pensadores con patrones musicales y matemáticos (visual-espacial).
- Pensadores verbales (pensadores no visuales).

Determinar tipos de pensamiento en niños de tres años a menudo no es posible. Los tipos de pensamiento dominante normalmente son más obvios cuando el niño tiene entre siete y nueve años. Además, como el autismo es tan variable, pueden existir mezclas de los distintos tipos de patrones. Por ejemplo, un niño puede tener un patrón de pensamiento fuertemente musical/matemático, pero también tener habilidades de pensamiento visual. O un pensador verbal también puede tener habilidades matemáticas o de idiomas extranjeros. La importancia de entender estas tres formas de pensamiento entra en juego cuando se intenta enseñar a niños con ASD. Las estrategias que se construyen en el área de fortaleza del niño y atraigan a sus patrones de pensamiento serán de la mayor eficacia. Esto es más probable que resulte evidente entre la edad de cinco a ocho años. A menudo es difícil identificar las fortalezas de niños menores de cinco años, a menos que se desplieguen habilidades de genio. En estudiantes universitarios, la elección de carreras está determinado parcialmente por su estilo cognitivo. Se evaluaron estudiantes de los tres tipos principales, y los resultados fueron que: los estudiantes de ingeniería preferían patrones de pensamiento visual-espacial, los estudiantes de artes plásticas y psicología preferían el pensamiento visual y el pensamiento verbal sólo era predominante en estudiantes de psicología.

Pensadores visuales (visualizadores de objetos)

Los niños que presentan este patrón de pensamiento a menudo adoran el arte y construir bloques, como los Legos, y con frecuencia tienen gran habilidad en el dibujo. Se sumergen fácilmente en proyectos en los que tengan una oportunidad tangible y manual para aprender. Los conceptos matemáticos, como sumar o restar, necesitan que se les enseñe con objetos concretos que el niño pueda tocar. Estos niños pueden pasarlo mal con el álgebra, y deberían ser pasados prontamente al ámbito de la geometría, porque es más visual. Debe animárseles hacia el dibujo y otras habilidades artísticas. Si un niño sólo dibuja una cosa, como aviones, hay que animarlos a dibujar otros objetos relacionados, como las pistas del aeropuerto, los hangares, o los coches que van al aeropuerto.

Ampliar las habilidades emergentes de un niño le hacen más flexible en sus patrones de pensamiento. Hay que tener en cuenta que como el "lenguaje nativo" del niño son las imágenes, las respuestas verbales pueden tardar más en formarse. Cada solicitud tiene que traducirse desde las palabras a las imágenes antes de que pueda procesarlas, y luego la respuesta necesita traducirse desde las imágenes a las palabras antes de pronunciarlas.

A menudo, los pensadores visuales experimentan dificultad con el álgebra por su naturaleza abstracta, pero algunos hacen geometría y trigonometría con mucha facilidad. Los pensadores visuales tienden a tener éxito en profesiones tales como artistas, diseñadores gráficos, fotógrafos o ingenieros industriales. Otro campo en el que los pensadores visuales pueden sobresalir es en comerciantes cualificados. Pensadores sociales y visuales adictos a los videojuegos se han dedicado con éxito a la mecánica de automóviles. Descubrieron que los motores eran más interesantes que los videojuegos. Hay una gran escasez de electricistas, mecánicos y soldadores que puedan leer planos.

AUTISMO Y EDUCACIÓN: LA MANERA EN QUE YO LO VEO

Una de las peores cosas que algunas escuelas han hecho ha sido quitar las clases vocacionales. Hay buenas profesiones que nunca serán sustituidas por la inteligencia artificial o los ordenadores.

Pensadores musicales y matemáticos (visual-espacial)

Tanto la música como las matemáticas son un mundo de patrones, y los niños que poseen este patrón de pensamiento tienen fuertes capacidades de asociación. La investigación demuestra que poseen habilidades superiores para efectuar tareas mentales de rotación. Les gusta encontrar relación entre números o notas musicales. Algunos niños pueden tener habilidades de cálculo de tipo genio, o son capaces de tocar una pieza de música después de haberla escuchado una sola vez. A menudo, el talento musical surge sin necesidad de enseñanza tradicional. Muchos de estos niños pueden aprender por ellos mismos si tienen un instrumento a su disposición.

Cuando crecen, los pensadores de patrones a menudo son buenos en programación informática, ingeniería o música. Algunos de estos niños deberían avanzar varios grados en matemáticas, dependiendo de sus capacidades, pero pueden necesitar educación especial para leer, puesto que pueden quedar atrás. Muchos de estos niños pueden hacer operaciones matemáticas mentalmente. Debería dejárseles hacerlo. Es probable que se aburran en una clase de matemáticas que es demasiado fácil. También necesitan estar en contacto con programación informática y codificación. Una manera de determinar cómo piensa un niño es ofreciéndole libros de álgebra y geometría.

CAPÍTULO 1: LA IMPORTANCIA DE UNA INTERVENCIÓN EDUCATIVA TEMPRANA

Pensadores verbales

A los niños que poseen este patrón de pensamiento les gustan las listas y los números. A menudo, memorizarán los horarios de los autobuses y acontecimientos de la historia. Las áreas de interés a menudo incluyen historia, geografía, meteorología, y estadísticas deportivas. No son pensadores visuales. Los padres y profesores pueden utilizar esos intereses y talentos como motivos para aprender las partes menos interesantes de las asignaturas. Algunos pensadores verbales tienen facilidad para aprender idiomas extranjeros. Conozco personas con habilidades de pensamiento verbal que han sido empleados de éxito en ventas de productos especializados como coches, actuación en escena, contabilidad, escritura técnica/de objetivos y farmacología. Esas son áreas donde la memorización de muchos datos es un talento que otras personas apreciarán.

Los patrones de pensamiento de personas con ASD son marcadamente distintos a la manera de pensar de la gente "normal". Por eso, se da demasiado énfasis a lo que estos niños "no pueden hacer", y las oportunidades de capitalizar sus distintas—pero a menudo, creativas—maneras de pensar se quedan olvidadas en el camino. Un nuevo e interesante estudio demuestra que muchos estudiantes con autismo se matriculan a la universidad en campos troncales, como ciencias informáticas o ingeniería. Aunque existen discapacidades y desafíos que enfrentar, es posible lograr progresos significativos cuando los padres o los profesores trabajan para construir las fortalezas del niño y le enseñan en una forma que concuerde con su patrón básico de pensamiento.

Referencias y lecturas complementarias

Blazhenkova, O. et al. (2011) Object-spatial imagery and verbal cognitive styles in children and adolescents: Developmental trajectories in relation to ability, Learning and Individual Differences.

Chiang, H.M. and Lin, Y.H. (2007) Mathematical ability of students with Asperger syndrome and high-functioning autism, *Autism* 11:547-556.

Grandin, T. (2009) How does visual thinking work in the mind of a person with autism" A personal account. Physiological Transactions of the Royal Society, London, UYK, 364:1437-1442.

Grandin, T. and Lerner, B. (2022) *Visual Thinking: The Hidden Gifts of People Who Think in Pictures, Patterns and Abstractions.* Riverhead Books, Penguin Random House, New York, NY.

Grandin, T. and Panek, R. (2013) *The Autistic Brain*, Houghton Mifflin Harcourt, New York, NY.

Hegarty, M., and Kozhevnikov, M. (1999) Types of visual-spatial representations and mathematical problem solving, *Journal of Educational Psychology,* 91:684-689.

Hoffner, T.N. (2016) More evidence for three kinds of cognitive styles: Validating the object-spatial imagery and verbal questionnaire using eye tracking when learning with texts and pictures, *Applied Cognitive Psyhology* 31(1) doi. org/10.1002/acp.3300.

Jones, C.R.G. et al. (2009) Reading and arithmetic in adolescents with autism spectrum disorders: Peaks and dips in attainment, *Neuropsychology*, 23:718-728.

Kozhevnikov, M. and Blazenkova, O. (2013) Individual differences in object versus spatial imagery: From neural correlates to real world applications, In: S. Lacey and R. Lawson (Editors), *Multisensory Imagery*, 229-308.

Kochevnikov, M. et al. (2002) Revising the visualizer—Verbal dimension: Evidence for two types of visualizers, *Cognition and Instruction*, 20:47-77.

Mazard, A. et al (2004) A PET meta-analysis of object and spatial mental imagery, *European Journal of Cognitive Psychology* 16:673-695.

Perez-Fabello, M.J. et al. (2018) Object spatial imagery in fine arts, psychology and engineering, *Thinking Skills and Creativity* 27:131-138.

Shonulsky, S.et al. (2019) STEM faculty experiences teaching students with autism, *Journal of STEM Teacher Education* 53(2) Article 4.

Recursos para niños de codificación informática

scratch.mit.edu

sphero.com

code.org

codakid

khanacademy.org

Codecademy

childhood101.com

coderkids.com

Stevenson, J.L. and Gernsbacher, M.A. (2013) Abstract spatial reasoning as an autistic strength. *PLOS ONE* doi:10.1371/journal.pone.0059329.

McGrath, J. et al. (2012) Atypical visual spatial processing in autism: Insight from functional connectivity analysis, *Autism Research*, 5:314-330.

Soulieres, I. et al., (2011) The level and nature of autistic intelligence II: What about Asperger syndrome? *PLOS One.* Doi:10.1371/journal. pone.0025372.

MAYORES EXPECTATIVAS PRODUCEN MEJORES RESULTADOS

Los niños con trastorno del espectro autista no aprenden escuchando y viendo a los demás, como los niños normales. Necesitan que se les enseñe de forma específica cosas que otros niños parecen aprender por osmosis. Un buen profesor es insistente pero suave cuando enseña a un niño autista para obtener algún progreso. El profesor debe tener cuidado de no causar una sobrecarga sensorial, pero al mismo tiempo, debe entrar de alguna manera en el mundo de agitación del niño o retiro silencioso para que el niño se anime a aprender. Cuando los niños se hacen un poco mayores, necesitan estar expuestos a cosas que logren estimular su aprendizaje continuo en áreas distintas de la vida. También debe de haber expectativas para un comportamiento social adecuado.

Cuando pienso en el curso de mi vida, me doy cuenta de que mi madre me empujó a hacer una gran cantidad de cosas que no me gustaban, pero estas actividades eran realmente beneficiosas para mí. Me dieron oportunidades para practicar habilidades sociales, conversar con gente que no me era familiar, desarrollar la autoestima y aprender a negociar cambios no anticipados. Ninguna de estas actividades causaba problemas importantes en mi sensibilidad sensorial. Mientras mi madre me instaba a hacer cosas, entendía bien que un niño nunca debería forzarse a estar en una situación que incluyera una estimulación sensorial dolorosa.

Para cuando cumplí cinco años, se me pedía que me vistiera y me comportara en la iglesia y que me sentara en cenas formales, tanto en casa como en casa de mi abuela. El no hacerlo me traía consecuencias, y perdía un privilegio que era importante para mí. Por suerte, nuestra iglesia tenía un bonito y anticuado órgano que me gustaba. La mayor parte del servicio religioso era aburrido para mí, pero ese órgano lo hacía tolerable. Una iglesia moderna con música alta probablemente habría sido una sobrecarga sensorial para alguien como yo. Para mí, ciertos sonidos fuertes, como el timbre de la escuela, eran como el taladro de un dentista golpeando mis nervios. A veces, un niño puede volverse insensible a un sonido si puede controlarlo. Es posible que se tolere mejor el timbre escolar si al niño se le permite encenderlo y apagarlo después del horario escolar. Un niño que temía a la aspiradora aprendió a amarla cuando podía controlar el sonido encendiéndola y apagándola. Tener altas expectativas es importante, pero es posible que sea necesario hacer algunos ajustes para evitar la sobrecarga sensorial.

Durante mis años en la escuela elemental, mi madre me hacía atender a los invitados durante las fiestas. Tenía que saludar a cada invitado y servirles snacks. Eso me enseñó habilidades sociales importantes, y me hizo sentir orgullo de participar en su celebración de "adultos". También me proporcionaba la oportunidad de aprender a hablar con personas distintas. Cuando no quería aprender a montar en bicicleta, me pedía que lo hiciera. Mi madre siempre estaba probando los límites de hasta dónde podía empujarme. Me motivé a aprender después de perderme un viaje en bicicleta a la planta de Coca-Cola.

Cuando era adolescente, se me presentó la oportunidad de visitar el rancho de mi tía en Arizona. En esa época, tenía ataques de pánico constantes y tenía miedo de ir. Mi madre me dio a escoger entre ir dos semanas o todo el verano. Cuando llegué allí, me encantó y me quedé todo el verano. Mi tía Ann se convirtió en una de mis mentoras más importantes. Mi carrera sobre diseño de equipamiento agrícola nunca hubiera empezado si me hubiera dejado quedarme en casa.

CAPÍTULO 1: LA IMPORTANCIA DE UNA INTERVENCIÓN EDUCATIVA TEMPRANA

A menudo necesitaba una cierta dosis de empuje para hacer cosas nuevas por mi cuenta. Se me daba bien construir cosas, pero tenía miedo ir al almacén de madera y comprar la madera por mi cuenta. Mi madre me obligaba a ir. Nunca dejó que mi autismo fuera una excusa para no intentar algo que sabía sería beneficioso para mi aprendizaje. Salí llorando del lugar, pero con la madera en mis manos. Los siguientes viajes al almacén fueron fáciles. En uno de mis primeros trabajos, mi jefe me hizo hacer llamadas a revistas de ganado para publicar artículos. Después de superar el miedo inicial, me percaté de que se me daba bien poner artículos en publicaciones nacionales de ganado. En todos los casos anteriores, tanto mi madre como mi jefe, tenían que empujarme a hacer cosas, aunque tuviera miedo. A pesar del miedo, las cosas que aprendí gracias a estas experiencias, no tienen precio.

Después de empezar mi negocio como diseñadora por cuenta propia, casi lo dejé porque uno de mis primeros clientes no estaba 100% satisfecho con mi trabajo. Mi pensamiento que sólo trabaja en términos de blanco y negro, me condujo a pensar que mis clientes siempre estarían satisfechos al 100%. Afortunadamente, mi buen amigo Jim Uhl, el contratista que construyó mis sistemas, no me dejó renunciar. Continuó empujándome activamente, hablando conmigo y pidiéndome el siguiente diseño. Siempre que le mostraba un dibujo nuevo, lo alababa. Ahora sé que satisfacer siempre a los clientes al 100% es imposible. Mi vida y mi carrera se hubieran malogrado si mi madre y mis asociados en el negocio no me hubiesen empujado a hacer cosas. Mi madre no me dejaba vagar por casa y nunca consideró el autismo como algo que me incapacitase. Esos mentores son una versión alternativa a un buen profesor de educación especial, que insiste de forma suave con un niño de tres años con autismo. Esto demuestra que las personas con ASD pueden aprender y tener éxito cuando los que están a su alrededor creen en sus capacidades y tienen altas expectativas para ellos.

AUTISMO Y EDUCACIÓN: LA MANERA EN QUE YO LO VEO

Para resumir este capítulo, los padres y profesores necesitan "empujar" a estas personas en el espectro autista. Necesitan sacarles de su zona de confort para que se desarrollen. No obstante, no puede haber sorpresas de golpe, porque las sorpresas asustan. Veo demasiadas personas con ASD que sin haber adquirido habilidades sociales básicas, como comprar y saludar. En las conferencias veo padres hablando por sus hijos, cuando son los hijos los que deberían hablar por sí mismos. Están siendo sobreprotegidos y demasiado arropados. Me alegré mucho cuando animé a un niño con ASD a que hiciera su propia pregunta frente una gran cantidad de personas en la conferencia. Cuando el niño logró hablar frente al público, recibió los aplausos de toda la audiencia. Son situaciones como estas las que fortalecen los sentimientos de seguridad y confianza de los niños con autismo.

ENSEÑAR A TURNARSE Y LA CAPACIDAD DE ESPERAR

Visité una escuela en Australia que usaba unos métodos simples pero innovadores para enseñar a turnarse y la capacidad para esperar. Diane Heaney, la directora de educación para la Fundación AEIOU, explicó el concepto de este programa educativo temprano. Cuando diseñó este programa, se preguntó lo siguiente: "¿Cuáles son las cosas más importantes que hay que enseñar a los niños para que estén preparados para incorporarse a una clase de primer grado?". La respuesta fue: la capacidad de hablar, turnarse, sentarse derecho, tener buenos modales en la mesa, usar el baño por sí mismos y tener contactos sociales.

Los niños de su programa empiezan a la edad de tres años, y son niños que no hablan o que tienen habilidades verbales atrasadas. Al final del programa de tres años, aproximadamente un 75% de los niños han ganado las habilidades suficientes para incorporarse a una clase de primer grado. Algunos puede que necesiten ayuda adicional u otro tipo de apoyo. La escuela dura toda la mañana y los niños van a casa por la tarde. Cuando los niños llegan al programa por primera vez, se les realiza un análisis de comportamiento estándar (ABA, por sus siglas en inglés) para empezar con el lenguaje. Después de desarrollar las habilidades verbales, continúan con las actividades uno a uno de ABA y actividades que enseñan a turnarse y la capacidad de esperar.

Enseñar a turnarse

Se utilizan tres métodos distintos para enseñar a turnarse: jugar a juegos de mesa tradicionales, videojuegos educativos y de proyección en un *smartboard* y compartir una *tablet*.

En lo personal, mi preferido es el videojuego proyectado. Utilizaban un juego de contar llamado Curious George, que tiene actividades bien diferenciadas, donde cada turno es independiente (es decir, no depende de la respuesta del niño anterior). Puesto que el juego se proyecta en un *smartboard*, cuando cada niño coge su turno, los demás niños tienen que sentarse y observar. El *smartboard* responde como una pantalla de iPad gigante. La clave es tener a los niños que esperan viendo al niño que está jugando. Esta actividad enseña tanto a turnarse como a sentarse quieto en una silla. La imagen proyectada del *smartboard* impide pelearse por una *tablet* física.

El profesor utiliza el siguiente procedimiento:

Paso 1: Un solo niño aprende a jugar al juego por sí mismo durante unos minutos y eso le recompensa.

Paso 2: Dos niños se turnan, uno cada vez, caminando hacia el *smartboard* y tocando la pantalla para jugar un solo turno del juego. El niño que espera su turno debe permanecer sentado.

Paso 3: Cuando dos niños pueden esperar y turnarse, se añade un niño en una tercera silla.

Paso 4: Cuando tres niños pueden esperar y turnarse, se añade un niño en una cuarta silla.

Si no está disponible un *smartboard*, debería colocarse una *tablet* frente a los niños y cada uno tendría que caminar y jugar su turno para una vez terminado, volver a su silla. La *tablet* debería ponerse de forma tal que los niños que están esperando puedan ver la pantalla. Quizá sea necesario fijar la *tablet* a un soporte robusto para que ningún niño pueda cogerla e intentar llevársela a su silla. El principio es enseñar a los niños a inhibir una respuesta para obtener una recompensa. Para hacérselo más fácil a los demás niños que están esperando a ver lo que sucede en la pantalla de la *tablet*, la imagen de la pantalla puede proyectarse fácilmente en la pared con un proyecto LCD estándar.

Los niños también tienen que aprender cómo turnarse mientras juegan a juegos de mesa tradicionales y se turnan el *smartphone* o la *tablet*. Enseñar a los niños a compartir un teléfono o una *tablet* que pueden guardar puede ser más difícil. La actividad descrita anteriormente debería ser lo primero que aprendan a dominar.

Recuerda, todas las actividades escolares que relacionen la electrónica con niños de menos de cinco años, deberían siempre hacerse como una actividad interactiva bajo la supervisión de un profesor. Debe evitarse el juego solitario con aparatos electrónicos. Cuando se utilizan aparatos electrónicos, los niños deben interactuar bien con otro niño o con un adulto.

Lecturas complementarias

Danesh, A.A. et al. (2021) Hyperacusis in autism spectrum disorders, *Audiology Research*, 11: 547-556.

Grandin, T. and Panek, R. (2013) *The Autistic Brain*, Houghton Mifflin Harcourt, New York, NY.

Van de Boogert, F. et al. (2021) Sensory processing and aggressive behavior in adults with autism spectrum disorders, *Brain Science*, 11(1). 96.

¿QUÉ ESCUELA ES MEJOR PARA MI HIJO CON TEA?

Los padres siempre me preguntan qué escuela es la mejor para sus hijos con Trastorno del Espectro Autista (TEA). He observado que el éxito de la escuela depende tanto de la escuela en particular como de la comunidad que la conforma. Que sea pública o privada no es relevante. Depende del personal en particular que trabaje con su hijo. Es realmente importante para los niños de pre kinder y del grado elemental que tengan contacto con niños neurotípicos, para así aprender comportamientos sociales adecuados.

Hay muchos niños con autismo u otras etiquetas a quienes les va muy bien en su sistema escolar público local. Los niños que han sido incorporados exitosamente van desde estudiantes de colocación avanzada (Advanced Placement o AP por sus siglas en inglés) totalmente verbales hasta estudiantes que no son verbales. Desafortunadamente, hay otras escuelas que tienen un mal desempeño debido a una variedad de factores.

Hay muchos materiales excelentes para la educación en el hogar en el Internet, como Khan Academy (www.khanacademy.org), que ofrece una multitud de materiales de clase libres de pago para matemáticas y ciencias. Pero así también están los padres que buscan una escuela especial para su hijo en el espectro.

Escuelas especiales para niños con TEA

Recientemente, visité escuelas especializadas tanto para estudiantes de escuela elemental como de secundaria que están en el espectro. Durante los últimos años, se han abierto muchas de estas escuelas especializadas. Tienden a categorizarse en dos tipos. Uno está diseñado para niños que hablan normalmente y que son autistas, tienen trastornos de Déficit de Atención e Hiperactividad (TDAH o ADHD por siglas en inglés), Asperger, dislexia u otro tipo de problema de aprendizaje. Estos niños entran en su nueva escuela para escapar del bullying o para evitar perderse en la muchedumbre de las escuelas grandes. El otro tipo de escuela especial está diseñado para encajar en las necesidades de los estudiantes que no hablan y/o tienen comportamientos desafiantes.

He visitado cuatro escuelas de día que admiten niños con autismo u otras etiquetas, que no encajan en una escuela normal. Las burlas y el bullying con frecuencia fueron una de las razones principales para dejar la escuela anterior. Muchos problemas de agresión en estudiantes en el espectro desaparecían cuando se eliminaban las burlas. Ninguna de estas escuelas aceptaba niños que hubieran tenido problemas serios con la ley. La mayoría de los estudiantes que conocí en esas escuelas hablaban con normalidad y no tenían problemas serios, como comportamientos de autolesionarse. Eran niños que se parecían mucho a mi cuando tenía su edad. El rango de estudiantes era de 30 a 150. Mantener las escuelas pequeñas es una de las claves de éxito de estas escuelas especiales para TEA.

AUTISMO Y EDUCACIÓN: LA MANERA EN QUE YO LO VEO

Clases eficaces para niños con TEA

Observé dos tipos de clases en estas escuelas especializadas. El primer tipo era como mi vieja escuela elemental de los años 50. Habían unos doce niños en cada clase, y todos se sentaban en pupitres mientras el profesor enseñaba frente a la clase. Mantener las clases pequeñas era esencial. Las escuelas admitían alrededor de 100 alumnos, que iban desde la guardería hasta la secundaria. Estos estudiantes eran en su mayoría los niños friki socialmente raros que eran molestados y recibían burlas en las escuelas tradicionales. Hablé con ellos en una asamblea donde todos los estudiantes se sentaban en el suelo del gimnasio, y su comportamiento era fantástico.

El otro tipo de clase que observé tenía un índice de estudiantes por profesor de 1:3 o 1:4. Había estudiantes de diferentes grados en una misma clase, y a los estudiantes se les enseñaba asignaturas troncales como matemáticas, ciencias o inglés. Cada estudiante trabajaba a su propio ritmo y el profesor iban pasando entre los estudiantes. En todas las clases se mantenía un ambiente tranquilo, porque muchos estudiantes tenían problemas de dificultades sensoriales. Estaba contenta de ver que en la mayoría de las clases se hacían actividades manuales.

Cada niño es distinto. Lo que funciona con uno puede que no funcione con otro. Así también las escuelas varían mucho de una ciudad a otra, y de una región a otra. Hay que tener en cuenta las fortalezas y desafíos de tu hijo al decidir la escuela adecuada para él para que encajen lo mejor posible. Lo que es más importante, hay que asegurarse de que el personal de la escuela tenga la preparación y el contexto adecuado, y que utilice los métodos de enseñanza que mejor encajen con las necesidades de tu hijo.

CAPÍTULO DOS

ENSEÑANZA Y EDUCACIÓN

Los buenos profesores entienden que para que un niño aprenda, el estilo de enseñanza debe concordar con el estilo de aprendizaje del niño.

CAPÍTULO 2: ENSEÑANZA Y EDUCACIÓN

Todo niño con TEA tiene su propia personalidad y perfil de fortalezas y debilidades. Esto no se diferencia de los niños sin el trastorno. Pueden ser introvertidos o extrovertidos, tener un carácter alegre o irritable, gustarles la música o las matemáticas. Los padres y educadores pueden olvidarse de eso con facilidad, y atribuir cada acción o reacción del niño al autismo o al Asperger. El objetivo de enseñar a los niños con autismo no es transformarlos en clones de sus compañeros "normales". Cuando piensas en ello, no todas las características que exhiben las personas "normales" son dignas de ser tomadas como modelo a seguir. Una perspectiva con mucho más sentido es enseñar a esa población las habilidades académicas e interpersonales que necesitan para ser funcionales en el mundo y utilizar sus talentos en la medida de sus capacidades.

El autismo no es una sentencia de muerte para un niño o para su familia. Sí, conlleva grandes desafíos, pero también le da al niño las semillas de grandes talentos y capacidades. Es responsabilidad de los padres y educadores encontrar esas semillas, cuidarlas, y asegurarse de que crezcan. Ese debería ser el objetivo de enseñar y educar a niños con ASD también, no sólo a los niños normales.

Los distintos patrones de pensamiento de personas con TEA necesitan que los padres y educadores les enseñen desde un nuevo marco de referencia, uno que concuerde con su manera de pensar autista. Esperar que los niños con ASD aprendan por la vía del currículo y métodos de enseñanza convencionales que "siempre han funcionado" para los niños normales, es predisponerlos a fallar desde el principio. Sería como colocar a un niño en la silla de un adulto y esperar que sus pies tocaran el suelo. ¿Es absurdo, ¿no? Sin embargo, y con estupor, esta es la forma en que muchas escuelas y educadores se dirigen a los estudiantes con ASD.

Los buenos profesores entienden que para que un niño aprenda, el estilo de enseñanza debe concordar con el estilo de aprendizaje del estudiante. Con los estudiantes autistas, y en especial con los Asperger, no es suficiente que el estilo de enseñanza y el estilo de aprendizaje del niño concuerden. Los educadores deben llevar esa idea un paso por delante, y ser continuamente conscientes de que los estudiantes con ASD llegan a la escuela sin un marco de pensamiento social desarrollado. Este es el aspecto del ASD que puede ser difícil para los adultos, de entender, prever y trabajar. Nuestro sistema público de educación está basado en la premisa de que los niños llegan a la escuela con un funcionamiento social básico establecido. Los niños con autismo, con sus desafíos de pensamiento social característicos, llegan a la escuela estando muy rezagados en relación a sus compañeros. Los profesores que no reconocen este hecho y no hacen los ajustes necesarios para enseñar habilidades sociales y de pensamiento social junto a las asignaturas tradicionales, sólo limitan aún más las oportunidades de que los niños con ASD aprendan y crezcan.

¿Incorporar o no incorporar?

Cuando tenía cinco años, empecé a ir a una pequeña escuela de niños "normales". En el lenguaje actual a eso se le llamaría incorporar. Es importante resaltar que eso funcionó para mí porque la estructura y la composición de la clase se ajustaba bien a mis necesidades. La escuela estaba estructurada en clases anticuadas con tan sólo doce estudiantes. Se esperaba que los niños se comportasen y había unas normas estrictas, reforzadas constantemente, y que se aplicaban sanciones cuando se cometían infracciones. El entorno era relativamente tranquilo y controlado, sin un alto grado de estímulos sensoriales. En ese entorno, no necesité de ayuda alguna. Compara esa clase con el entorno de aprendizaje de hoy en día. En una clase de treinta estudiantes, con un único profesor, en una clase menos estructurada y en una escuela más grande, nunca hubiera sobrevivido sin la ayuda directa de un adulto.

CAPÍTULO 2: ENSEÑANZA Y EDUCACIÓN

Tanto si incorporamos o no a un niño en el espectro autista en una escuela elemental, es una decisión que debería tener en cuenta varios factores. Después de innumerables discusiones con padres y profesores, he llegado a la conclusión de que depende mucho de la escuela en particular y de los profesores que haya en esa escuela. La idea de incorporarles es un objetivo que vale la pena, y en una situación ideal, donde todas las variables estén trabajando a favor del niño con ASD, puede ser una experiencia altamente positiva. Pero la realidad de la situación a menudo es la opuesta: falta de entrenamiento de profesores, clases numerosas, oportunidades limitadas para modificaciones personales, y falta de fondos para ayudas para el alumno y los profesionales, pueden hacer este entorno desastroso para un niño en el espectro.

Para niños de alto funcionamiento en el espectro autista, normalmente estoy a favor de que asistan a escuelas tradicionales, ya que es esencial para ellos que aprendan habilidades sociales de los niños con desarrollo normal. Si un niño está escolarizado en casa o va a una escuela especial, es imprescindible que tenga contacto regular con niños neurotípicos. Para niños que no hablan, la incorporación funciona bien en algunas situaciones. De nuevo, depende mucho de la escuela, su experiencia tratando con niños en el espectro y su programa. Una escuela especial puede ser una alternativa más óptima para niños con autismo que no hablan o que tienen una deficiencia cognitiva significativa, especialmente en casos donde se presenten problemas de comportamiento disruptivos y graves que necesiten ser tratados.

Con frecuencia los padres me preguntan si deberían cambiar o no de escuela o de programa a sus hijos. Mi respuesta es que se realicen la siguiente pregunta: "¿Mi hijo está logrando progresar y mejorar donde está ahora?". Si la respuesta es sí, generalmente les recomiendo que lo dejen permanecer en la escuela o en el programa, y luego discuto si pueden ser necesarios algunos servicios adicionales o modificar los programas. Por ejemplo, el niño puede progresar aún más con mayor atención al ejercicio físico, o solucionar sus problemas sensoriales, o añadir algunas horas más de terapia ABA, o enseñarle habilidades sociales. No obstante, si el niño progresa poco o nada, y la actitud de la escuela no ayuda o da cabida a niños con ASD con diferentes necesidades y estilos de aprendizaje, y los padres están todo el día luchando por los servicios más básicos, será mejor comenzar a buscar otra escuela o programa. Desde luego, esto requiere tiempo y esfuerzo por parte de los padres, pero es importante para ellos que tengan siempre en mente el objetivo final, que es darles a sus hijos una mejor oportunidad de aprender y adquirir las habilidades necesarias.

No hace ningún bien que los padres tengan que estar luchando constantemente con el sistema escolar o con un Programa Educativo Individualizado (IEP) para ganar su caso dentro de un entorno de personas que no están verdaderamente interesadas en ayudar al niño. Desgraciadamente, este escenario se ve en distintas escuelas y distritos de todo el país. Tiempo valioso que se podría pasar en una enseñanza significativa resulta perdido mientras la escuela y los padres batallan durante meses, o incluso años. El niño y sus necesidades siempre deberían ser el foco. Si la escuela no está enfocada en el niño, es urgente encontrar una que sí lo esté.

Reitero un punto que dije anteriormente: el proceso depende mucho de las personas que trabajan con el niño. En un caso, un niño de tercer grado en una buena escuela tenía varios profesores que no se interesaban por el niño, ni hacían ningún intento por comprender su estilo de aprendizaje ni modificar la forma de enseñanza para que concordara con sus necesidades. El niño odiaba ir a la escuela. Les sugerí a los padres que intentaran encontrar una escuela distinta. Lo hicieron, y ahora al niño le está yendo muy bien en su nueva escuela. En mis conversaciones con padres y profesores también he observado que no importa si la escuela es pública o privada. Esto casi nunca importa. Depende en su mayor parte de las condiciones locales: la percepción que tiene la escuela acerca de los niños con discapacidades, su filosofía educativa, si su personal recibe entrenamiento y capacitación sobre los trastornos del espectro autista, si la administración se preocupa también de educar a los estudiantes, entre otros. Es debido a esto, que las decisiones deben tomarse evaluando el caso a caso de cada escuela.

El viaje de los padres hacia la culpa

Una triste realidad es que algunas personas y empresas que venden servicios de terapia o productos de mercado a la comunidad autista, a menudo intentan pasar a los padres por un viaje de culpabilidad. Todos los padres quieren lo mejor para sus hijos, y los padres de niños a quienes se les acaba de diagnosticar un trastorno, pueden ser especialmente vulnerables a experimentar culpa. Es en este contexto que los vendedores se aprovechan de las emociones de los padres para promocionar encuentros personales, sugiriendo que no son buenos padres si no prueban sus programas o productos, o que si no utilizan lo que sea que ofrecen, los padres no están haciendo "todo lo posible" para ayudar a sus hijos. Algunos llegan tan lejos como para decirles a los padres que su hijo está condenado a menos que compren su programa o producto.

Un padre me llamó por una situación de ese estilo. La familia estaba lista para vender su casa y así obtener el dinero necesario para enviar a su hijo autista de cuatro años a una escuela especial en otro estado. Hablé con el padre acerca del impacto negativo que tendría trastornar la vida familiar del niño, llevándole lejos de su familia y enviándole a otra escuela en otro estado. Existía la posibilidad real de que el niño empeorara en vez de mejorar. Al terminar nuestra conversación, los padres decidieron mantener al niño en su escuela local y ponerle algunas horas de terapia personal con un experto.

Esto pone énfasis nuevamente en la necesidad de evaluar con detenimiento la elección de la escuela caso a caso, y no dejarse influenciar por presiones de influencias externas, mucho menos cuando esta influencia busca venderte una supuesta solución.

Momentos para enseñar

En los años 50, cuando yo era pequeña, se enseñaban habilidades sociales a todos los niños de una forma estructurada y sistemática, lo que fue extremadamente útil para mí y para mucha gente de mi generación que estábamos en la fase más ligera del espectro autista. Cuando estaba en la universidad, tenía varios amigos que hoy en día serían etiquetados de autistas. Mis amigos que fueron educados más o menos como yo, pudieron conseguir y conservar trabajos como cualquier otra persona común y corriente.

Los padres de los años 50 usaban constantemente la frase "momentos para enseñar" a las formas de enseñanza. El gran error que cometen muchos padres y profesores cuando un niño hace algo mal es gritar: "¡No!". En su lugar, una técnica más efectiva es dar instrucciones. Por ejemplo, si el niño comienza a comer el puré de patatas con las manos, es mejor decirle "usa el tenedor" en vez de gritarle. Si yo olvidaba decir "por favor" o "gracias", mi madre me señalaba y decía: "Olvidaste decir gracias". Si tocaba cosas en una tienda, me decía: "Pon eso en su sitio. Solo puedes tocar las cosas que vayas a comprar". Por eso, en vez de gritar a tu hijo, prefiere dar instrucciones sobre el modo correcto de comportarse.

CAPÍTULO 2: ENSEÑANZA Y EDUCACIÓN

Lecturas complementarias

Grandin, T. (2005). *Unwritten Rules of Social Relationships: Decoding Social Mysteries Through the Unique Perspectives of Autism*. Arlington, TX: Future Horizons, Inc.

Grandin T. (2006). *Thinking in Pictures* (Expanded Edition). New York: Vintage Press/Random House.

Tammet D. (2007). *Born on a Blue Day: Inside the Extraordinary Mind of an Autistic Savant*. New York: Free Press.

Grandin, T. and Panek , R. (2013). *The Autistic Brain*. Houghton Mifflin Harcourt, New York, NY.

ENCONTRAR LAS ÁREAS DE FORTALEZA

En una de mis columnas del *Autism Asperger's Digest*, de 2005, discutí sobre los tres tipos de pensamiento especializado en personas con autismo altamente funcional y síndrome de Asperger (HFA/AS). Los niños en el espectro normalmente tienen un área de fortaleza y una de déficit. Muchos padres y profesores me han preguntado: "¿Cómo determinas el área de fortaleza del niño?". En muchos casos, el área de fortaleza no puede determinarse en un niño menor de cinco años. En otros, el área de fortaleza no emerge sino hasta que se hayan solucionado los problemas de comportamiento o sensoriales más dominantes.

El primer tipo de pensamiento especializado es el de los pensadores visuales, quienes piensan en forma de imágenes fotorrealistas. Yo me encuentro dentro de esta categoría, y mi mente funciona como Google Images. Cuando estaba en la escuela elemental, mis habilidades de pensamiento visual se expresaban en el arte y el dibujo. Los niños que son pensadores visuales a menudo harán dibujos muy bonitos, cuando estén en tercero o cuarto grado. Los pensadores visuales a menudo entran en carreras de artes gráficas, diseño industrial o arquitectura. En mi carrera, utilizo mis habilidades de pensamiento visual para diseñar instalaciones para el manejo del ganado.

El segundo tipo de pensamiento especializado es el pensamiento en patrones. Los que poseen este tipo a menudo son muy buenos en matemáticas y música. Los niños con este patrón son capaces de ver las relaciones y patrones entre números y sonidos. Durante sus años de escuela, algunos de esos niños destacarán por tocar un instrumento musical realmente bien. Otros serán buenos tanto en música como en matemáticas, y otro grupo será amante de las matemáticas, pero no tendrá interés en la música. Es importante ponerles desafíos a estos niños con matemáticas avanzadas. Si se ven forzados a hacer matemáticas de "bebé", se aburrirán. Si un estudiante de una escuela elemental puede hacer matemáticas de escuela superior, debe ser alentado a seguir estudiando y desafiándose. Tanto los pensadores visuales como los pensadores en patrones a menudos sobresalen construyendo estructuras con bloques y legos. Los pensadores de patrones pueden ser buenos en carreras de ingeniería, programación informática o músicos. No obstante, este tipo de pensador a menudo necesitará una ayuda extra con la lectura y escritura.

El tercer tipo de pensamiento especializado es el del pensador verbal. Estos niños son especialistas en palabras, tienen excelentes habilidades de escritura y conocen todos los hechos acerca de su tema favorito. Los pensadores verbales no son pensadores visuales, y a generalmente no sienten interés en el arte, el dibujo o los legos. Las personas que son especialistas en el lenguaje, a menudo son buenos periodistas, terapeutas del habla, y se desempeñan bastante bien en cualquier trabajo que requiera un mantenimiento cuidadoso de registros.

Construyendo fortalezas

A menudo, los educadores se ensañan con los déficits del niño y restan atención a la construcción de su área de fortaleza. La mayoría de los pensadores visuales y algunos de los pensadores en patrones no pueden hacer operaciones matemáticas como el álgebra. Para mí, el álgebra era imposible y, por lo tanto, nunca se me permitió intentarlo con la geometría o la trigonometría. Las interminables horas de práctica de algebra fueron totalmente inútiles. No la entendía, porque no había nada que visualizar. Cuando discuto esto en conferencias, me encuentro con muchos niños y adultos en el espectro que fallaron en álgebra, pero podían hacer geometría y trigonometría. El álgebra

NO es un prerrequisito para hacer geometría y trigonometría para algunos tipos de cerebros.

Los educadores deben entender que estas fórmulas que funcionan para los estudiantes con un nivel intelectual normal, puede que no funcionen para las personas en el espectro. Yo avancé en las matemáticas universitarias porque en los años 60 el álgebra fue sustituida por las matemáticas finitas, donde estudié probabilidad y matrices. Fue difícil, pero con ayuda, pude conseguirlo. Las matemáticas finitas tienen cosas que podía visualizar. Si me hubiesen forzado a hacer álgebra en la universidad, habría suspendido la asignatura de matemáticas. Una madre me dijo que su hijo había obtenido una A en física universitaria pero no pudo graduarse en la escuela superior porque había suspendido en álgebra. Por esta razón es que creo deberían permitir a los estudiantes sustituir el álgebra por cualquier otro tipo de matemática avanzada.

Una de las peores cosas que muchas escuelas han hecho ha sido quitar asignaturas tales como arte, costura, música, reparación de automóviles, soldadura, teatro y otras asignaturas manuales. En la escuela elemental, hubiera estado totalmente perdida sin el arte, la costura y la ebanistería. Eran las asignaturas en las que tenía fortalezas, y gracias a ellas aprendí habilidades que luego se convirtieron en la base de mi trabajo de diseño.

Como conclusión, centrarse solo en los déficits de las personas con Autismo Altamente Funcional/Asperger no aporta en nada a su preparación para el mundo real que existe fuera de la escuela. La mayoría de personas en el espectro pueden ser enseñadas y desarrollarse en habilidades de empleos comercializables. Los profesores y padres necesitan identificar y reforzar esas áreas de fortaleza empezando cuando el niño es joven, y continuar durante la escuela primaria y secundaria. Así, proporcionamos a estas personas la oportunidad de satisfacer carreras en las que puedan disfrutar el resto de sus vidas.

ENSEÑAR CÓMO GENERALIZAR

Muchos niños y personas con autismo no son capaces de establecer relaciones entre los factores que conocen y unirlos para formar conceptos. Lo que me ha funcionado a mí es utilizar mi pensamiento visual para formar conceptos y categorías. Explicar cómo lo hago puede ayudar a los padres y a los profesionales a enseñan a los niños con autismo a formar conceptos y generalizaciones.

Cuando yo era pequeña, sabía que los gatos y los perros eran distintos porque los perros eran más grandes que los gatos. Cuando los vecinos se compraron un pequeño dachshund, ya no pude categorizar a los perros por el tamaño. Rosie la dachshund tenía el mismo tamaño que un gato. Recuerdo mirar fijamente a Rosie para encontrar alguna característica visual que tuviera en común con nuestro golden retriever. Observé que todos los perros, sin tener en cuenta el tamaño, tenían la misma clase de nariz. Así pues, los perros podían ponerse en una categoría separada de los gatos porque hay ciertas características físicas que todo perro tiene y que un gato no.

Se puede enseñar a categorizar cosas. Los niños pequeños de la guardería aprenden a categorizar todos los objetos rojos o todos los objetos cuadrados. Irene Pepperberg, una científica de la Universidad de Arizona, enseñó a su loro, Alex, a diferenciar e identificar objetos por el color y la forma. Podía coger todos los bloques cuadrados rojos de una cesta que contenía pelotas rojas, bloques cuadrados azules, y bloques rojos. Entendió la categorización de objetos por color, forma y tamaño. Enseñar a niños y adultos con autismo a categorizar y formar conceptos empieza enseñando categorías simples, como color y forma. A partir de esto, podemos ayudarles a entender que ciertos factores que han memorizado pueden ponerse en una categoría y otros en otra.

AUTISMO Y EDUCACIÓN: LA MANERA EN QUE YO LO VEO

Enseñar conceptos como el peligro

Los padres me preguntan: "¿Cómo le enseño a mi hijo a no correr por la calle?" o y "sabe que en nuestra casa no debe correr por la calle, pero en casa de su abuela sí lo hace". En la primera situación, el niño realmente no tiene ningún concepto de peligro, en el segundo, no es capaz de generalizar lo que ha aprendido en su casa y trasladarlo a la calle que no es la de su casa. El peligro como concepto es demasiado abstracto para la mente de una persona que piensa en imágenes. Yo no comprendí qué era el peligroso hasta que vi una ardilla atropellada en la calle y mi niñera me dijo que había sido atropellada por un coche. A diferencia de los dibujos animados, la ardilla no sobrevivió. Entonces entendí la causa y el efecto de ser atropellada. Después del incidente de la ardilla, ¿cómo podía aprender que todos los coches de todas las calles eran peligrosos? Es igual que aprender conceptos como cuadrado y redondo. Tuve que aprender que no importaba dónde estuviera, todos los coches y todas las calles tenían ciertas características comunes.

Cuando yo era niña, me inculcaron unos conceptos de seguridad en mi mente con un libro de canciones sobre seguridad. Cantaba siempre mirando a ambos lados antes de cruzar una calle para asegurarme de que no viniera un coche. Para ayudarme a generalizar, mi niñera nos llevaba a mi hermana y a mí a pasear alrededor del vecindario. Me hacía mirar a ambos lados antes de cruzar en muchas calles distintas. Es la misma forma a como entrenan a los perros lazarillo para los ciegos. El perro debe ser capaz de reconocer las luces del semáforo, los cruces y calles de un lugar desconocido. Durante el entrenamiento, lo llevan a muchas calles distintas. Entonces, tiene recuerdos visuales, auditivos y olfativos de muchas calles distintas. A partir de estos recuerdos, el perro puede reconocer una calle en un lugar desconocido.

Tanto el perro lazarillo como para la persona con autismo, para comprender el concepto de calle deben ver más de una calle. El pensamiento autista va de específico a general. Para aprender un concepto como perro o calle, tuve que ver muchos perros y calles específicas antes de que pudiera formarme el concepto general. Un concepto general como una calle, sin imágenes de muchas calles específicas almacenadas en mi banco de memoria, no tiene ningún sentido. El pensamiento autista siempre es detallado y específico. Padres y profesores necesitan ayudar tanto a niños como a adultos con autismo a categorizar los elementos almacenados dentro de su mente para formar conceptos y promover la generalización.

LA IMPORTANCIA DE DESARROLLAR EL TALENTO

S i bien es cierto que las personas con autismo tienen déficits y limitaciones que otras personas no tienen, también es cierto que muchos de ellos poseen talentos especiales. Es necesario motivarlos a desarrollar estos talentos, porque pueden ser la base de las habilidades que lograrán que una persona con autismo o Asperger consiga un trabajo. Capacidades tales como el dibujo o las habilidades matemáticas necesitan desarrollarse y expandirse. Sin embargo, puede que estas capacidades no sean totalmente evidentes hasta que el niño tenga siete u ocho años. Si a un niño le gusta dibujar trenes, debería ampliarse este interés hacia otras actividades, como leer sobre trenes o hacer problemas matemáticos calculando el tiempo que tardaría un tren en viajar de Boston a Chicago.

Es un error poner fin a los intereses especiales de un niño, no importa cuán raros puedan parecer en ese momento. En mi propio caso, me animaron con mi talento por el arte. Mi madre me compró material profesional de arte y un libro sobre dibujo en perspectiva cuando estaba en la escuela. Las fijaciones e intereses especiales deberían ser dirigidos hacia canales constructivos en vez de destruirlos para hacer que una persona sea "normal". La carrera que tengo hoy en día como diseñadora de instalaciones para el ganado se basa en mis áreas de talento, ya que utilizo mi pensamiento visual para diseñar los equipamientos.

Cuando era adolescente, tenía una fijación por las rampas para el ganado después de descubrir que diseñar una rampa aliviaba mi ansiedad. Las fijaciones pueden ser unas grandes motivadoras si se canalizan adecuadamente. Mi interés en las rampas me condujo también a un interés por el comportamiento del ganado, lo que luego me llevó al interés por el diseño de sistemas, lo que a su vez condujo al desarrollo de mi carrera.

Este es un ejemplo de coger una fijación y ampliarla hacia algo constructivo. A veces los padres y profesores ponen tanto énfasis en que el adolescente sea más social y "normal" que descartan el desarrollo sus talentos. Enseñar habilidades sociales es muy importante, claro que sí, pero si la persona con autismo se ve despojada de todos sus intereses especiales, puede perder significado en su vida. Es posible desarrollar las interacciones sociales a través de intereses compartidos. Tenía amigos de pequeña porque otros niños se divertían haciendo proyectos artísticos conmigo. Durante los difíciles años de escuela superior, los clubs de intereses especiales fueron mi salvavidas. Esto es así no solo para mí, sino que también para muchas otras personas con autismo. Recuerdo haber visto hace poco un documental en televisión acerca del autismo. Una de las personas del programa le gustaba criar gallinas. Su vida tuvo significado cuando descubrió que otras personas compartían la misma afición. Cuando se unió a un club de aficionados a las aves de corral, fue reconocida como una experta en esa materia.

ENSEÑAR A GENTE CON AUTISMO A SER MÁS FLEXIBLE

La rigidez, tanto en el comportamiento como en el pensamiento, es una de las principales características de la gente con autismo y Asperger. Estas tienden a experimentar dificultades para entender el concepto de que a veces está bien transgredir una norma. Me enteré de un caso en el que un joven autista tuvo un accidente que lo provocó una grave herida, pero no se marchó de la parada del autobús para buscar ayuda. Le habían enseñado a esperar en la parada para no perder el autobús. No podía transgredir esa norma. El sentido común le habría dicho a la mayoría de la gente que buscar ayuda es mucho más importante que perder el autobús. Pero no era el caso de este joven.

¿Cómo puede enseñarse el sentido común? Creo que se debe comenzar por enseñar el pensamiento flexible desde una edad temprana. Para los niños con autismo es bueno tener una mente estructurada, pero a veces los planes pueden y necesitan cambiarse. Cuando yo era pequeña, mi niñera nos hacía realizar una variedad de actividades a mi hermana y a mí. Esta variedad prevenía la formación de patrones rígidos de comportamiento. Me acostumbré a los cambios en nuestras rutinas y aprendí que seguía pudiendo gestionarlo cuando se producía algún cambio. Este mismo principio se aplica con los animales. El ganado que siempre ha sido alimentado desde el camión rojo por Jim, puede entrar en pánico si Sally se monta en un camión blanco para alimentarlo. Para impedir este problema, los granjeros han aprendido a alterar ligeramente las rutinas diarias, de forma que el ganado aprenda a aceptar alguna variación.

Otra forma de enseñar pensamiento flexible es utilizar metáforas visuales, como mezclar pintura. Para entender situaciones complejas, como cuando un día un buen amigo hace algo mal, imagino mezclar pintura blanca y negra. Si el comportamiento del amigo es normalmente bueno, la mezcla es de un gris muy pálido. Si la persona no es realmente un amigo, entonces la mezcla es de un gris muy oscuro. Pensar en blanco y negro sobre conceptos como "bueno" y "malo" puede ser un problema. Hay grados de maldad que pueden clasificarse en categorías por gravedad, por ejemplo: 1) robar un bolígrafo, 2) golpear a otra persona, 3) robar un banco y 4) asesinato.

Puede enseñarse la flexibilidad mostrándole a una persona con autismo que las categorías pueden cambiar. Los objetos pueden estar agrupados por color, función o material. Para probar esta idea, cogí un puñado de objetos negros, rojos y amarillos de mi oficina y los dejé en el suelo. Eran una grapadora, un rollo de cinta, una pelota, cintas de video, una caja de herramientas, un sombrero y bolígrafos. Según la situación, cualquiera de esos objetos podía ser utilizado para trabajar o para jugar. En este caos, un ejemplo podría ser pedirle al niño que de ejemplos concretos de cómo utilizar una grapadora para trabajar o para jugar. Grapar papeles de la oficina es un trabajo; grapar las partes de una cometa es un juego. Cada día pueden encontrarse situaciones simples como estas que enseñan a un niño flexibilidad de pensamiento y relación.

A los niños hay que enseñarles que algunas normas se aplican en todas partes y no deberían transgredirse. Para enseñarle a un niño autista a no correr al cruzar la calle se le debe enseñar en muchos lugares distintos; hay que generalizar la norma y parte de este proceso es asegurarse de que el niño entiende que la norma no debería transgredirse. No obstante, cuando uno está absolutamente fijado en una norma, puede causar un peligro. Los niños necesitan que les enseñen que algunas normas pueden cambiar según la situación. Una emergencia es una situación en la que tienen permiso para transgredirla.

En niños con autismo/Asperger, los padres, profesores y terapeutas pueden enseñar y reforzar constantemente los patrones de pensamiento flexibles. Espero los ejemplos de este capítulo hayan podido proporcionar algunas ideas sobre cómo hacerlo respetando su manera de pensar.

ENSEÑAR CONCEPTOS A NIÑOS CON AUTISMO

Generalmente, la gente con autismo posee buenas habilidades para aprender normas, pero pueden tener menos desarrolladas las habilidades de pensamiento abstracto. La Dra. Nancy Minshew y sus colegas de la Universidad de Pittsburgh han hecho investigaciones que pueden ayudar a los profesores a entender cómo piensan las mentes autistas. Para el autista, aprender normas es fácil, pero aprender la flexibilidad de pensamiento es difícil, y es algo que debe ser enseñado.

Hay tres niveles básicos de pensamiento conceptual: 1) normas de aprendizaje, 2) categorías de identificación, y 3) inventar nuevas categorías. La capacidad de formar nuevas categorías puede probarse colocando una serie de objetos sobre una mesa, como lápices, tacos de notas, tazas, limas de uñas, clips, servilletas, botellas, cintas de vídeo y otros objetos cotidianos. Una persona con autismo puede identificar fácilmente todos los lápices o todas las botellas. También puede identificar fácilmente objetos en categorías simples, como todos los objetos que son verdes o todos los objetos de metal. El pensamiento conceptual a ese nivel básico generalmente no es un problema.

Donde la persona autista experimenta una dificultad extrema es inventando nuevas categorías, lo que constituye el principio de la verdadera formación de conceptos. Por ejemplo, muchos de los objetos de la lista de referencia anterior podrían clasificarse por el uso (es decir, suministros de oficina) o por su forma (redonda o no redonda). Para mí, es obvio que una taza, una botella y un lápiz son objetos redondos. La mayoría de la gente clasificaría una cinta de video como no redonda; no obstante, yo quizá la pondría en la categoría de redonda por sus bobinas redondas en el interior.

AUTISMO Y EDUCACIÓN: LA MANERA EN QUE YO LO VEO

Una de las formas más fáciles de enseñar a formar conceptos es jugando con los niños a juegos para formar categorías. Por ejemplo, un vaso puede utilizarse para beber o para guardar lápices o clips. En una de las situaciones, se utiliza para beber; en la otra, se utiliza en la oficina o en el trabajo. Una cinta de video puede usarse de forma recreativa o educativa, según el contenido de la misma. Los tacos de notas pueden usarse para tomar notas, para dibujar o, de forma más abstracta, como pisapapeles o un posavasos. Este tipo de actividades deben hacerse con mucha repetición. La persona con autismo tardará un tiempo en aprender a pensar de forma distinta, sin embargo, con perseverancia, es posible lograr buenos resultados.

Ayudar a los niños a "meterse en la cabeza" formas distintas y variadas de categorizar objetos, es el primer paso para desarrollar un pensamiento flexible.

Cuantos más ejemplos proporcionemos, más flexibles se volverá su pensamiento. Cuanto más flexible sea su pensamiento, más fácil le será desarrollar nuevas categorías y conceptos. Una vez el niño ha adquirido algunas habilidades de pensamiento flexible con objetos concretos, los profesores podrán empezar a expandir sus pensamientos conceptuales en áreas menos concretas de categorización, como los sentimientos, emociones, expresiones faciales, etc.

El pensamiento flexible es una capacidad altamente importante que a menudo, en detrimento del niño, es omitido como habilidad que se puede enseñar a un niño. Eso impacta en un niño en todos los entornos, tanto ahora como en el futuro: escuela, casa, relaciones, empleo, tiempo libre. Los padres y profesores necesitan ponerle más atención al fomento del pensamiento flexible cuando desarrollan el plan educativo de un niño.

Referencias

Minshew, N.J., J. Meyer, and G. Goldstein. 2002. Abstract reasoning in autism: a dissociation between concept formation and concept identification. *Neurospychology* 16: 327-334.

APRENDER NORMAS Y PENSAR DE ABAJO HACIA ARRIBA

Las personas en el espectro autista aprenden a formar conceptos agrupando muchos ejemplos específicos de un concepto en particular en una "carpeta virtual" en su cerebro. Puede haber una carpeta virtual etiquetada "perros", llena de imágenes mentales de distintas clases de perros. Juntas, todas estas imágenes mentales forman el concepto de "perro". Una persona en el espectro autista puede tener muchas de estas carpetas virtuales en su cerebro—una para cada concepto (groserías, turnos, seguridad en la calle, etc). A medida que la persona crece, crea nuevas carpetas virtuales y añade nuevas imágenes a las que hay en sus viejos archivos.

La gente en el espectro autista piensa de forma distinta a la gente neurotípica. Son pensadores "de abajo hacia arriba" o de "específico a general". Por ejemplo, pueden necesitar ver muchas clases distintas de perros antes de que el concepto de perro se haya fijado de forma permanente en su mente. O pueden necesitar que se les diga muchas veces, en muchos lugares, que deben parar, mirar y escuchar antes de cruzar la calle, para comprender el concepto de seguridad en la calle. La gente en el espectro crea los conceptos de perro, seguridad callejera, y de cualquier otra cosa, "construyéndolos" a partir de muchos ejemplos específicos. De manera contraria, las personas "normales", neurotípicas, piensan de forma completamente distinta. Son "pensadores de arriba a abajo", o "de general a específico". Primero se forman un concepto y luego lo asocian a un detalle específico. Por ejemplo, ya tienen un concepto general del aspecto de un perro, y a medida que van viendo más perros, van añadiendo detalles a ese concepto. Una vez les dices que hay que parar, mirar y escuchar antes de cruzar la calle, saben que tienen que hacerlo en cada calle y en cada vecindario.

La enseñanza de abajo hacia arriba puede utilizarse para enseñar tanto conceptos muy concretos como más abstractos, que van desde las reglas básicas de seguridad a la comprensión lectora. En este artículo te daré ejemplos que empiezan con los conceptos más concretos y terminan con los más abstractos. Todos los conceptos, sin importar el nivel de abstracción, deben enseñarse con muchos *ejemplos específicos* para cada concepto.

Para enseñar una norma básica de seguridad, como no cruzar la calle corriendo, debe enseñarse en más de un lugar. Eso es necesario para hacer que la norma de seguridad se "generalice" en lugares nuevos. Debe enseñarse en la calle de casa, en calles cerca del colegio, en la casa del vecino, en calles alrededor de la casa de la abuela, y cuando el niño visita un lugar nuevo. El número de ejemplos que necesita para generalizar la norma varía de un niño a otro. Cuando yo era pequeña, me enseñaron a turnarme con un juego de mesa llamado Parchís. Si mis lecciones sobre turnarse se hubiesen limitado a ese juego, no se hubieran generalizado a otras situaciones, como turnarme con mi hermana para usar un patín o un juguete. Durante todas esas actividades, me dijeron que tenía que turnarme. También me enseñaron a hacer turnos en una conversación durante la cena. Si yo hablaba demasiado, mi madre me decía que tenía que ceder el turno con otra persona para que hablase.

Esta fórmula también debería utilizarse para enseñar conceptos numéricos. Para lograr la generalización, se deberá enseñar al niño a contar, sumar y restar, con muchas clases de objetos diferentes. Puedes utilizar vasos, golosinas, dinosaurios de juguete, bolígrafos, cartas, y otras cosas para enseñarles la idea abstracta de que la aritmética se puede aplicar a muchas cosas de la vida real. Por ejemplo, la operación $5 - 2 = 3$ puede enseñarse con cinco golosinas.

Si me como 2 de ellas, me quedan 3. Para aprender conceptos como menos o más, o fracciones, intenta utilizar vasos de agua llenos hasta distintos niveles, cortar una manzana y cortar círculos de cartón. Si solo utilizas círculos de cartón, los niños pueden pensar que el concepto de fracción se aplica solo a los círculos de cartón. Para enseñar más grande en comparación con más pequeño, utiliza objetos de distinto tamaño, como botellas, golosinas, camisetas, bloques, coches de juguete y otras cosas.

Más conceptos abstractos

Para subir un peldaño más en los niveles de abstracción, proporcionaré varios ejemplos de enseñanza, como "arriba" y "abajo". De nuevo, debes usar muchos ejemplos específicos para enseñarles estos conceptos:

La ardilla está "arriba" del árbol.

Las estrellas están "arriba" en el cielo.

Tiramos la pelota "arriba" en el aire.

Nos deslizamos "abajo" por la colina.

Cavamos un agujero "abajo" en la tierra.

Nos doblamos hacia "abajo" para atarnos los zapatos.

Para entender completamente este concepto, el niño necesita participar en la actividad mientras los padres o profesores dicen una frase corta que contenga la palabra "arriba" o "abajo." Asegúrate de poner énfasis al vocalizar la palabra del concepto. Si el niño tiene dificultad con el lenguaje verbal, combina la palabra con una tarjeta con un dibujo que ponga "arriba" o "abajo."

Hace poco me preguntaron: "¿Cómo llegaste a comprender el concepto de grosería o buenas maneras en la mesa?". Mi respuesta es que aunque los conceptos que tienen que ver con juicios o expectativas sociales son mucho más abstractos para un niño, pueden ser enseñados de la misma manera. Cuando yo hacía algo con malas maneras en la mesa, como mover el tenedor en el aire, mi madre me explicaba, de una forma simple y sin demasiada cháchara verbal, que esas no eran buenas maneras en la mesa. Me decía: "Tranquila, mover el tenedor en el aire es de mala educación en la mesa". Utilizaba muchos momentos que se daban de forma natural para enseñar, lo que me ayudaba a conectar mi acción con el concepto "mala educación en la mesa". Hacía de este asunto una enseñanza práctica y daba un mensaje simple y consecuente. Aprender muchos ejemplos específicos también funcionaba cuando me enseñaban el concepto de grosería. Cuando hacía algo que era grosero, como eructar o cortar a alguien, mi madre me decía que estaba siendo grosera. De forma gradual se formó en mi cerebro el concepto de "grosería" a partir de muchos ejemplos específicos.

COMPRENSIÓN LECTORA

Muchos niños en el espectro pueden leer pero tienen problemas con la comprensión. Para empezar, hay que centrarse en hechos muy concretos, como las actividades que realizaron los personajes. Esto es más fácil de entender para un niño. A continuación, hay que ir más allá, hacia conceptos más abstractos. Por ejemplo, un niño autista al leer "Jim comió huevos con tocino" puede tener dificultad para contestar preguntas de elección múltiple del tipo: "¿Jim tomó un desayuno, comida o cena?". Hay que enseñar al niño a descomponer la pregunta y escanear los archivos cerebrales para que encuentren información que pueda ayudarles con la comprensión. Por ejemplo, yo buscaría en los archivos de mi cerebro imágenes de comidas. Una imagen de huevos con tocino es la que mejor encaja con un desayuno comparado con las imágenes de comida y cena.

Estos conceptos y asociaciones abstractos no de desarrollan rápidamente. El niño necesitará añadir más y más información en el ordenador de su cerebro antes de que tenga éxito con las abstracciones. Estos datos proceden de experiencias, que es lo que los padres y profesores necesitan facilitarle.

Proporcionar los fundamentos para la comprensión lectora

Padres y profesores de niños en el espectro autista me dicen que su hijo o estudiante puede leer realmente bien, pero le falta comprensión. Esta columna subraya algunas de mis ideas para proporcionar los fundamentos de una buena comprensión lectora.

CAPÍTULO 2: ENSEÑANZA Y EDUCACIÓN

Empezar por lo concreto

Para enseñar comprensión lectora, empieza con preguntas concretas sobre la información (basada en hechos) en forma de una historieta corta o un artículo. Las preguntas concretas son literales, y tienen una sola respuesta correcta. Algunos ejemplos de preguntas concretas serían: "¿de qué color es el abrigo de Jane?" o "¿en qué ciudad vive Jane?". Son preguntas que se responden con una sola palabra, con "rojo" y "Milltown", y que se pueden responderse a partir de la información literal que proporciona el texto.

Mezcla preguntas abstractas

Después de que el estudiante haya respondido con éxito a varias preguntas concretas de comprensión, puedes progresar haciendo preguntas un poco más abstractas acerca de una historia corta. Estas preguntas requieren una comprensión de conceptos más generales. Por ejemplo, "Jane y Jim fueron a la tienda. Jane compró un collar y Jim compró una camisa", y la pregunta a partir de esa información podría ser: "¿Jim compró ropa?"

Un nivel aún más abstracto de comprensión es ilustrar una pregunta con las frases siguientes: "Jim va a comprar a una Expedición a la Antártida. El clima allí es extremadamente frío". La pregunta podría ser: "¿Jim necesitará ropa de invierno?".

Da una variedad de ejemplos

Muchos niños y adultos con autismo no pueden tomar todos los elementos que conocen y unirlos para formar conceptos. No obstante, sobresalen en

69

reconocer factores y detalles individuales. Los padres y profesores pueden utilizar esta fortaleza para desarrollar la comprensión lectora del niño.

Los pensadores de abajo hacia arriba aprenden a generalizar y desarrollar conceptos reconociendo primero detalles o ejemplos específicos, recopilándolos en su mente y luego juntándolos en una categoría para formar un concepto. Este proceso mental es similar a poner trozos de información relacionada en un archive común. Por esto, los niños necesitan estar expuestos a muchos ejemplos distintos de conceptos abstractos o generales, tanto en lectura como en experiencias de la vida real. Por ejemplo, mi concepto de peligro (de coches en la calle) se formó después de ver que una ardilla había sido atropellada por un coche, y este ejemplo fue seguido por muchos otros ejemplos de peligro conectados a vehículos que se movían rápido.

Desmontar la complejidad

El mismo principio se aplica a textos de lectura más complejos. La comprensión puede enseñarse gradualmente señalando muchos ejemplos específicos que ilustren un concepto más amplio. En la facultad, llamé a este proceso "encontrar el principio básico". En materiales de lectura extensos, como el capítulo de un libro, el niño necesitará poder identificar y contestar preguntas sobre la idea principal. El profesor podrá hacerle leer al niño párrafos de un libro y luego diseccionar el capítulo de una forma metódica, para que éste entienda como se deriva la *idea principal*. Después de que el profesor explique el concepto que el autor está transmitiendo, el estudiante empezará a entender el concepto de hallar la idea principal de otros materiales de lectura. Repite este proceso con otros textos para proporcionarle muchos ejemplos de identificar la idea principal.

CAPÍTULO 2: ENSEÑANZA Y EDUCACIÓN

Para ayudar al estudiante a identificar la *opinión* de un autor, el profesor podría empezar con editoriales de periódicos o publicaciones online y luego explicar punto por punto cómo se determina lo esencial de la opinión del autor. Por ejemplo, una editorial puede informar a los ciudadanos de un posible parque para perros. El autor describe los pros y contras de dicho parque, y el estudiante podría guiarse para categorizar cada uno de los puntos del autor bajo los pros y contras de los encabezados. La pregunta de comprensión podría ser, "¿el autor está o no a favor de empezar a poner en marcha un parque para perros?".

Sería mejor empezar eligiendo materiales de lectura en los que la opinión del autor sea fácil de determinar, y luego ir gradualmente hacia textos en los que la opinión del autor sea más sutil. Después de varios ejemplos, el estudiante podría empezar a entender cómo identificar la opinión de un autor.

Otro nivel de complejidad es entender el *nivel emocional* del texto. La mejor manera de enseñar esto es tomar una variedad de materiales de lectura y, paso a paso, explicar cómo determinar el contenido emocional. Un ejemplo de ello sería: "Jim estaba sonriendo por los estúpidos trucos de un show." La pregunta a partir de esta información podría ser: "¿Jim estaba contento o triste?".

Dejando de lado el nivel de abstracción, debería enseñarse a leer para comprender, mediante muchos ejemplos específicos. El número de ejemplos necesarios será distinto para cada persona. Los profesores y padres pueden ayudar dando muchas oportunidades a la práctica repetitiva. Incorporar el enfoque de abajo hacia arriba le dará tiempo al estudiante para construir un archivo mental de ejemplos que pueda utilizar cuando analice futuros materiales de lectura.

MOTIVAR A LOS ESTUDIANTES

Una característica frecuente de las personas con autismo/Asperger, es un interés obsesivo sobre uno o un par de temas en particular, excluyendo a otros. Estas personas pueden ser casi-genios en un tópico de su interés, incluso a una edad muy temprana. Hay padres que me han contado cómo el conocimiento en electricidad de su hijo de diez años, desafía a rivales de nivel universitario; o sobre un preadolescente cuyo conocimiento sobre los insectos sobrepasa por mucho al de su profesor de biología. No obstante, con lo motivados que están para estudiar lo que les gusta, a menudo estos estudiantes están igualmente desmotivados cuando se trata de trabajo escolar que no sea su área de interés.

Así era para mí cuando estaba en la escuela superior. Estaba totalmente desmotivada con el trabajo escolar en general, pero me motivaba mucho trabajar en cosas que me interesaran, como mostrar caballos, pintar signos y hacer proyectos de carpintería. Por suerte, mi madre y algunos de mis profesores utilizaban mis intereses para mantenerme motivada. El Sr. Carlock, mi profesor de ciencias, llevó mis intereses obsesivos hacia rampas y máquinas de compresión para motivarme a estudiar ciencias. La máquina de compresión me relajaba. El Sr. Carlock me dijo que si realmente quería saber por qué esta máquina tenía este efecto, tendría que estudiar las asignaturas aburridas para poderme graduar y luego ir a la universidad y convertirme en un científico que pudiera contestar esta pregunta. Una vez hube cogido realmente la idea de graduarme de la universidad para luego conseguir un trabajo que me interesase, necesitaba esforzarme en todas las asignaturas escolares, fueran aburridas o no. Comprender esto mantuvo mi motivación para terminar el trabajo.

CAPÍTULO 2: ENSEÑANZA Y EDUCACIÓN

Mientras los estudiantes están en la escuela elemental, los profesores pueden involucrarles fácilmente utilizando un interés especial para motivar su aprendizaje. Un ejemplo consistiría en coger el interés de un estudiante por los trenes y usar un tema sobre trenes en muchas asignaturas distintas. En clase de historia, leer sobre la historia del ferrocarril; en clase de matemáticas, poner trenes para resolver un problema; en clase de ciencias, discutir las distintas formas de energía que utilizan los trenes anteriormente y en la actualidad, etc.

Cuando los estudiantes asisten a la escuela secundaria y a la superior, pueden emocionarse visitando lugares de trabajo interesantes, como una construcción, una empresa de arquitectura o un laboratorio de investigación. Esto proporciona una idea real de una carrera para el estudiante, quien empieza a comprender el camino educativo que debe tomar desde temprano en la escuela hasta conseguir esa carrera. Si no es posible visitar un lugar de trabajo, invita a padres que tengan trabajos interesantes a la clase para hablar con los estudiantes acerca de su trabajo. Se recomienda encarecidamente que lleven muchas imágenes para mostrar la realidad física de ese trabajo. También es una oportunidad para los estudiantes poder oír acerca del lado social del trabajo, lo que puede proporcionar motivación para hacer nuevos amigos, unirse a grupos o aventurarse en situaciones sociales que al principio podrían parecer desagradables.

Los estudiantes en el espectro necesitan estar expuestos a cosas nuevas para interesarse en ellas. Necesitan ver ejemplos concretos de cosas realmente divertidas para que los mantenga motivados para aprender. Yo quedé fascinada por ilusiones ópticas después de ver una sola película en la clase de ciencias. Mi profesor de ciencias me retó a recrear dos famosas ilusiones ópticas, llamadas la Ames Distorted Room y la Ames Trapezoidal Window. Pasé seis meses haciéndolas en cartón y madera contrachapada. Finalmente conseguí lograr las ilusiones. Eso me motivó a estudiar psicología experimental en la universidad.

Traer revistas de comercio a la biblioteca

Las revistas científicas, de comercio y periódicos de negocios pueden enseñar a los estudiantes una amplia variedad de carreras y ayudar a que estos estudiantes tengan oportunidades a su disposición después de graduarse. Cada profesión, desde la más compleja a la más práctica, cuenta con su propio periódico. Estos se publican sobre campos tan diversos como banca, panadería, funcionamiento de lavado de coches, construcción, mantenimiento de edificios, electrónica y muchos otros. Los padres que ya trabajan en estos campos podrían traer sus viejos periódicos de negocio a la biblioteca de la escuela. Estas revistas serían una ventana al mundo del trabajo y ayudaría a motivar a los estudiantes.

HACER QUE LOS NIÑOS LEAN

Una queja que oigo tanto a padres como a profesores es que los niveles comunes hacen imposible pasar mucho tiempo en asignaturas que no sean lectura y matemáticas, porque las escuelas ponen mucho énfasis en que los estudiantes aprueben las pruebas en estas asignaturas.

Hace poco, tuve una discusión con una madre sobre enseñar a leer. Me dijo que su hija, que tenía problemas de lectura, no podía salir al recreo porque tenía que hacer ejercicios de lectura. La niña se aburría y lo odiaba. No obstante, pronto aprendió a leer cuando su madre le enseñó con un libro de Harry Potter. Para motivar a los niños, en especial a aquellos con trastornos del espectro autista, necesitas empezar con libros que los niños quieran leer. La serie de Harry Potter es una de las mejores cosas que ha sucedido para la infancia. Dos horas antes de que el último libro de Harry Potter saliera a la venta, visité el local Barnes & Noble. Estaba completamente atiborrado de niños y haciendo una cola que rodeaba todo el edificio. Pensé que es fantástico que los niños se emocionen tanto con un libro. Cuando estaba en tercer grado, yo no podía leer. Mi madre me enseñó a leer después de clase a partir de un interesante libro sobre Clara Barton, una famosa enfermera. El contenido me mantuvo interesada y me motivó a aprender, incluso si el libro estaba escrito para el nivel de sexto grado.

Una de las cosas que me ayudó a aprender los sonidos fonéticos del habla es que me pedían cantar la canción del ABC. Esa canción contiene muchos sonidos del habla. Mi madre me enseñó cómo vocalizar las palabras, y en tres meses, mis habilidades lectoras habían saltado dos niveles en las pruebas estándar. Yo era una lectora fonética, pero otros niños en el espectro autista son aprendices visuales, que ven las palabras. Cuando leen la palabra *perro*, ven una imagen de un perro en su mente. Todos los niños son distintos; los padres deberían identificar qué clase de pensamiento poseen sus hijos a la hora de aprender y usar ese método.

Los que leen "viendo la palabra" normalmente aprenden los nombres primero. Para aprender el significado de palabras como *fui* y *voy* tuve que verlas en una frase que pudiera visualizar. Por ejemplo, "*Fui* al supermercado" o "*Voy* al supermercado." Una está en tiempo pasado y la otra en futuro. Cuando fui al supermercado me veía a mí misma con la bolsa de lo que había comprado. Cuando estoy yendo al supermercado, me veo conduciendo hacia allí. Utiliza ejemplos que el niño pueda visualizar, especialmente cuando enseñes las palabras conectoras, ya que no son fáciles de visualizar por sí solas.

Si mi profesor de tercer grado hubiera intentado continuar enseñándome a leer con interminables y aburridos ejercicios, habría fallado en las pruebas de competencia lectora. Después de que mi madre me enseñara a leer, puede hacerlo realmente bien en las pruebas de la escuela elemental. Ella hizo que me comprometiera en la lectura de una forma que tenía sentido para mí, hasta que leer llegó a reforzarse por sí mismo de una forma natural.

Los padres y profesores pueden y deben usar los talentos e intereses de un niño de forma creativa para enseñarle habilidades escolares básicas, como leer y matemáticas. Las ciencias y la historia son dos temas fantásticamente interesantes para enseñar a niños en el espectro. Si al niño le gustan los dinosaurios, enséñale a leer usando libros sobre dinosaurios. Un simple problema de matemáticas podría reformularse usando dinosaurios como sujeto. Por ejemplo: si un dinosaurio camina a cinco kilómetros por hora, ¿cuán lejos caminará en quince minutos?

Los estudiantes con autismo pueden obtener puntuaciones excelentes en pruebas estándar cuando se usan métodos creativos que atraen sus intereses y respetan sus formas de pensar. Aunque este esfuerzo creativo puede llevar un poco más de tiempo, la mejora en el aprendizaje, el interés y la motivación del niño habrá superado con creces este esfuerzo extra.

Referencias

Moseley, R.L. et al. (2014). Brain routes for reading in adults with and without autism: EMEG evidence. *J Autism Dev Disord.* 44:137-153.

LOS VIDEO JUEGOS Y PASAR DEMASIADO TIEMPO FRENTE A UNA PANTALLA TIENE UN EFECTO NOCIVO PARA EL DESARROLLO DEL NIÑO

Durante las conferencias, cada vez más padres me confiesan que ellos también están en el espectro autista y que han logrado trabajar con éxito en una gran variedad de ocupaciones. Luego, me comentan que lo que les preocupa es: ¿Por qué su vida es relativamente buena, pero su hijo está teniendo problemas? Están faltos de amigos, víctimas de bullying, o presentan hiperactividad y ansiedad extrema. En la mayoría de los casos, estos niños no sufren ningún retraso en el habla, lo que me lleva a pensar que lo que puede haber contribuido a una peor prognosis sea el uso excesivo de videojuegos u otras formas de entretenimiento con pantallas. Cuando yo estaba en la facultad, tenía amigos que hoy en día habrían sido etiquetados como autistas. Las personas en el espectro autista son más propensas a hacer un uso patológico de videojuegos. El ICD-11 tiene ahora un diagnóstico formal para trastornos del juego. La investigación demuestra que un 8% de toda la gente joven que juega a videojuegos pueden ser verdaderos adictos. Pueden existir dos razones por las que tanto estos padres ligeramente autistas y mis compañeros geeks obtuvieran y conservaran trabajos decentes:

1. Aprendieron cómo trabajar a una edad temprana. He escrito extensamente sobre ello.

2. En mi generación, los niños jugaban en el exterior con sus compañeros y aprendían a interaccionar socialmente. No estaban enganchados a pantallas electrónicas.

CAPÍTULO 2: ENSEÑANZA Y EDUCACIÓN

En septiembre/octubre de 2016, en el *Carlat Report of Child Psychiatry*, leí dos artículos que me provocaron un momento de gran "iluminación". Uno estaba escrito por Mary G. Burke, M.D., psiquiatra en la Sutter Pacific Medical Foundation en San Francisco, y el otro se trataba de una entrevista con Michael Robb, PH.D. de Common Sense Media. La Dra. Burke explicaba que, tanto los bebés como los niños, necesitan estar en contacto con otras personas que reaccionen a su comportamiento. El problema de estar viendo interminables videos es que el video no reacciona a las respuestas del niño. Michael Robb recomienda no pasar más de 10 horas a la semana frente a una pantalla, hasta que el niño esté en la escuela superior. Esta es la misma norma que mi madre me ponía a mí para ver la televisión. La Academia Americana de Pediatría recomienda limitar el tiempo frente a una pantalla a tan solo una o dos horas al día. Para niños menores de 18 meses, la American Psychological Association recomienda no pasar tiempo frente a una pantalla excepto cuando se trata de videos de gente que conozcan.

Tiempo libre con dispositivos electrónicos

Ambos especialistas recomiendan que toda la familia debería tener un tiempo específico sin el uso de dispositivos electrónicos, para que así puedan interactuar y hablar entre ellos sin distracciones. Deberían de realizar al menos una comida al día en la que tanto padres como hijos apaguen todos los dispositivos electrónicos. En su práctica, la Dra. Burke ha observado que, reduciendo el uso de dispositivos electrónicos se reducen también los síntomas de OCD, los ataques de pánico y la hiperactividad. Según los Centers of Disease Control, el diagnóstico de ADHD o el déficit de atención ha aumentado en los últimos años. El uso abusivo de los aparatos electrónicos puede contribuir a este problema.

AUTISMO Y EDUCACIÓN: LA MANERA EN QUE YO LO VEO

Un estudio demostraba que una sesión de cinco días en un campamento en la naturaleza, sin presencia de dispositivos electrónicos, mejoraba la capacidad de los niños de escuela secundaria a leer las señales sociales no verbales. Un granjero que gestionaba un campamento de verano para niños de entre ocho y once años hizo una interesante observación: Durante las tardes de juego libre en un huerto de nueces, los niños estuvieron enfadados durante los primeros dos días. Al tercer día, me dijo, se produjo un cambio y descubrieron lo divertido que era juego libre sin tecnología. A partir de esto, mis tres recomendaciones son:

1. Agendar una comida al día sin dispositivos electrónicos donde todos, incluidos los padres, apaguen todas las pantallas.

2. Limitar el tiempo de ver videos y videojuegos, y otras pantallas que no fueran de la escuela a 10 horas a la semana.

3. Implicar a toda la familia en actividades donde la gente tiene que interactuar entre sí.

Los padres en industrias tecnológicas restringen el uso de dispositivos electrónicos

Las personas que fabrican dispositivos electrónicos en Silicon Valley restringen a sus hijos el uso de videojuegos y el ver videos. Dos artículos del *New York Times* y *Business Insider* demuestran claramente que la gente que crea la tecnología está preocupada por el uso que hacen sus propios hijos de los dispositivos electrónicos. La investigación está demostrando que las personas en el espectro autista sufren un riesgo grave de desarrollar adicciones a los videojuegos. Cuando hablo con padres en reuniones sobre autismo, puedo notar la existencia de dos caminos distintos en los jóvenes: quienes han tenido mejores resultados han aprendido a conservar un trabajo antes de graduarse de la escuela superior o de la universidad, mientras que los que han tenido peores juegan videojuegos de tres a ocho horas al día. A algunos de estos chicos ni siquiera se les ha enseñado habilidades básicas, como ir a comprar por sí mismos.

Amigos a través de juegos de múltiples jugadores por internet

Hay un número de revistas que demuestran que juegos en los que los adolescentes pueden hablar con sus amigos tienen algún tipo de efecto positivo. Un uso considerado bajo a moderado de juegos sería de una hora al día durante los días de semana y dos horas al día los fines de semana. Estos juegos, cuando se usan con moderación, pueden ayudar a un chico a hacer amigos y conservarlos. Cuando se usan adecuadamente con supervisión de los padres, los amigos por internet se pueden convertir en amigos en persona. Los niños necesitan que se les enseñe a planificar su juego de forma que no tengan que dejar de jugar a mitad de una partida de *Fortnite*. Para ello, puede que tengan que dejar de jugar a videojuegos una noche para tener tiempo suficiente para terminar una partida la noche siguiente. Algunos padres emprendedores han desarrollado actividades para conectar los videojuegos con la vida real. Un ejemplo de esto es el caso de un padre que compró bloques de madera, las lijó y con ellas creó bloques de *MineCraft*. Su hijo con autismo se convirtió en el centro de atención de su vecindario con sus bloques de *MineCraft* en la entrada de su casa.

Habrá algunas situaciones en las que hacer que un niño se desenganche de un videojuego pueda ser tan difícil que debe de prohibirse completamente el juego. Hay un artículo disponible en internet que se titula "Medir el Trastorno del Juego por Internet DSM-5: Validar el Desarrollo de una Pequeña Escala Psicométrica." Consta de nueve preguntas para ayudar a determinar si una persona tiene problemas usando videojuegos. Algunas de las preguntas sobre el trastorno de juegos por internet son:

1. Sentirse más irritable, con ansiedad o tristeza al intentar reducir el uso de los videojuegos.
2. Pérdida de interés hacia otras aficiones o actividades.
3. Poner en peligro trabajos, educación o carrera.

¿Cómo pueden ser perjudiciales los videojuegos?

Los videojuegos pueden reducir la empatía. Los videojuegos cuya premisa supone matar de forma realista gente o animales, que incluye escenas de crueldad y sangre puede ser más perjudicial que un juego en el que se destruyen objetos o personajes de dibujos animados. En mi opinión, un videojuego en el que puedas infligir dolor y sufrimiento de forma gráfica a imágenes humanas realistas, puede ser lo más perjudicial. Douglas Gentle de Iowa State University informa que un meta-análisis de 136 artículos científicos sobre videojuegos violentos demostraba que jugar con ellos conduce a la desensibilización y comportamiento agresivo (Bavelier et al., 2011). Sin embargo, creo es importante considerar el tipo de violencia al que nos estemos refiriendo.

Cuando yo era niña, mi héroe era el Llanero Solitario, el que disparaba a los malvados y los hacía caer dramáticamente de sus caballos. En estas películas había muchos disparos, pero nunca se mostró ninguna representación realista de crueldad o sufrimiento. La violencia infligida a objetos, como coches o edificios, no tiene el mismo efecto en mí que la representación gráfica de crueldad o tortura hacia otro ser vivo. Como soy una pensadora visual, evito películas que muestren imágenes de violencia o crueldad gráfica. No quiero esas imágenes en mi memoria. En muchas películas, analizo escenas de persecución y pienso: "Esto es imposible. Un coche no puede chocar contra un escaparate y poder seguir conduciéndose".

Me preocupa el escenario contrario, donde los niños juegan no a explorar naves o automóviles, sino que juegos realistas de asesinatos. Los niños pequeños necesitan aprender a controlar los impulsos agresivos. Investigadores canadienses han descubierto que algunos niños, en especial los que viven en hogares desfavorecidos, muestran tendencias violentas antes de los seis años que puede conducirles a comportamientos criminales a menos que se les enseñe cómo controlar la agresión. El Dr. Michael Rush del Boston's Children's Hospital puede ayudarte a determinar si tu hijo pasa demasiado tiempo en internet (Véase Reddy, 2019).

A modo de conclusión general, si bien no recomiendo prohibirlos, sí creo que el uso de los videojuegos debería limitarse en los niños con autismo. Un niño necesita tener suficientes experiencias para aprender que hay muchas cosas en el mundo que son muchísimo más interesantes que los videojuegos. Algunos adictos a los videojuegos han logrado dejar de usarlos al reemplazarlo con mecánica de automóviles. Los individuos descubrieron que arreglar coches era más interesante que manipularlos en un videojuego. Esto ha propiciado una buena carrera en mecánica automotriz para algunos adictos a los videojuegos.

Referencias

Bavelier, D.C., Green, C.S., Han, D.H., Renshaw, P.F., Merzenich, M.M. and Gentile, D.A. (2011). Brains on video games, *Nature Review of Neuroscience* 12(12):763-768.

Bowles, N. (2018) A dark consensus about screens and kids begins to emerge in Silicon Valley, *New York Times*, October 26, 2018.

CDC (2016) Attention-Deficit/Hyperactivity Disorder (ADHD) Data and statistics cdc.gov (accessed June 28, 2019).

Courtwright, D.T. (2019) *The Age of Addiction: How Bad Habits Became Big Business*, Harvard University Press.

Englehardt, C. and Mazurek, M.O. (2013) Video game access, parental rules and problem behavior: A study of boys with autism spectrum disorder, *Autism* (October). 18:529-587.

Englehardt, C. et al. (2017) Pathological game use in adults with and without autism spectrum disorder, *Peer Journal* 5:e3393.

Increasing prevalence of parent reported attention deficit/hyperactivity disorders among children, United States, 2003-2007.

Franklin, N., and Hunt, J. (2012) Rated E – Keeping up with our patient's video game playing, *The Brown University Child and Adolescent Behavior Letter* 28(3):1-5 doi: 10.1002/chi.20159.

Hall, S.S. (2014) The accidental epigenticist, *Science* 505:14-17.

Jargon, J. (2019) Gaming as a social bridge, *The Wall Street Journal*, June 26, 2019, pp. A13.

Kuss, D.J. et al. (2018) Neurobiological correlates in internet gaming disorder: A systematic literature review, *Frontiers in Psychiatry*, 9:166 10:3389/fpsyt.2018.00166.

Mazurek, M., Shattuck, P., Wagner, M., Cooper, B. December 8, 2011, Prevalence and correlates of screen-based media use among youths with autism spectrum disorders. Journal of Autism and Development Disorders. Available at: www.springerlink.comcontent/98412t131480547.

Mazurek, M.O., and Englehardt, C.R. (2013) Video games use in boys with autism spectrum disorder, ADHD or typical development, *Pediatrics* 132:260-266.

Mazurek, M.O. et al. (2015) Video games from the perspective of adults on the autism spectrum disorder, *Computers in Human Behavior*, 51:122-130.

Murray, A. et al. (2021) Gaming disorder in adults with autism disorder. *Journal of Autism and Developmental Disorders*, 52: 2762-2769.

Pontes, H.M. et al. (2015) Measuring DSM-5 internet gaming disorder: Development and validation of a short psychrometric scale. *Computers and Human Behavior*, 45:137-143 http://dx.doi,org/10.1016/j.chb.2014.12.006

Reddy, S. (2019) How to tell if your kids spend too much time online, *The Wall Street Journal*, p. A13, June 18, 2019.

Stone, B.G. et al. (2018) Online multiplayer games for social interactions of children with autism spectrum disorder: A resource for inclusive education, *International Journal of Inclusive Education*, pp. 1-20.

Sundburg, M. (2017) Online gaming loneliness and friendships among adolescents and adults with ASD, *Computers in Human Behavior*, https:doiorg/10.1016/j.chb.2017.10-020

Uhls, Y.T. et al. (2014) Five days at outdoor education camp without screens improves preteen skills with nonverbal emotion cues, *Computers and Human Behavior*, 39:387-392.

Welles, C. (2018) Silicon Valley parents are raising their kids tech free and it should be a red flag, BusinessInsider.com.

TERAPIAS CON ANIMALES PARA EL AUTISMO

A medida que recorro por el país hablando con padres de personas con ASD, la mayoría de ellos me preguntan si deberían tener un perro de servicio para su hijo con autismo. El uso de perros de servicio o asistencia para niños en el espectro está ganando popularidad, y existe evidencia científica que resalta los beneficios de los perros de servicio. No obstante, se trata de un tema complicado. A diferencia de otras intervenciones para el autismo que pueden empezarse y terminarse con más facilidad, embarcarse en el viaje de encontrar un perro de servicio adecuado para un niño es un compromiso a largo plazo que involucra a toda la familia. Un perro de servicio es mucho más que una mascota bien entrenada.

Para responder a sus preguntas, les hago una de vuelta: ¿A su hijo le gustan los perros?". Si la familia no tiene todavía un perro, les sugiero que observen cómo reacciona el niño ante la presencia de un perro. Existen tres clases de reacciones que un niño puede presentar. La primera es casi una conexión mágica. El niño y el perro son los mejores amigos, se aman el uno al otro y disfrutan estar juntos. El segundo tipo de reacción es un niño que, al principio duda, pero a quien acaban gustándole los perros. Debe enseñársele al niño cuidadosamente a un perro amigable y calmado. El tercer tipo de reacción es de rechazo o miedo. A menudo, el niño que evita los perros tiene un problema sensorial. Por ejemplo, un niño con un oído sensible puede asustarse de los ladridos del perro porque le molestan al oído.

Cuando yo era pequeña, el sonido de la campana de la escuela dañaba mis oídos, al igual que el taladro de un dentista. Para un niño con un grave problema de sensibilidad, un perro puede percibirse como algo peligroso, una cosa impredecible que puede emitir un sonido doloroso en cualquier momento. Para algunas personas, el olor de un perro es abrumador, aunque mantener al perro limpio puede aliviar el problema.

También les pregunté a los padres si deseaban y podían establecer el compromiso emocional, de tiempo, y dinero que conlleva tener un perro de servicio. Se trata de un asunto familiar, en el que todos deben estar involucrados. Las listas de espera para conseguir uno pueden ser de dos años o más, y los gastos para un perro entrenado pueden ascender a los 10.000 dólares o más al principio, y varios miles de dólares cada año a partir de entonces.

Tipos de perros de servicio

Existen tres tipos de perros de servicio que son los que más se utilizan para personas con autismo. Hay perros de terapia, perros de compañía, y perros de seguridad. Un perro de terapia es propiedad de un profesor o terapeuta, y se utiliza durante las lecciones para facilitar el aprendizaje. Un perro de compañía vive con la familia y pasa la mayor parte del día interactuando con la persona autista. El perro puede ayudar con los desafíos sociales, emocionales, de comportamiento y sensoriales del niño. Estos perros también sirven como un ser que "rompe el hielo", ya que a menudo otras personas se ven atraídas por un perro e interaccionarán con más facilidad con el niño. Los perros de terapia y compañía deben tener un entrenamiento básico en obediencia además de un entrenamiento para acceso público. Normalmente, los perros de compañía reciben un entrenamiento adicional que se centra específicamente en las necesidades de los niños. Para más información sobre grados de entrenamiento, visita la página web de International Association of Assistance Dog Partners (iaadp.org).

El tercer tipo de perro de servicio es el perro de seguridad. Estos son perros de servicio altamente entrenados que se utilizan con personas con autismo grave que tienen tendencia a correr. El niño va con una correa atada al perro y éste se convierte en un protector para el niño. Los perros de seguridad deben usarse cuidadosamente para evitar estresar al animal. Estos perros necesitan tiempo libre para jugar y comportarse como un perro normal. Los perros que se eligen como de asistencia/servicio deben ser calmos, amigables y no mostrar signo alguno de agresión hacia los extraños. Deben entrenarse para tener buenas maneras en público, como no ladrar ni olisquear o saltar sobre la gente. Este nivel de entrenamiento básico es el mínimo que debería tener cualquier perro de terapia, servicio o compañía. Es preferible un entrenamiento avanzado para que el perro logre familiarizarse con el comportamiento de las personas con ASD.

Normas para acceder a lugares públicos con perros

La Ley de Americanos con Discapacidades (ADA, por sus siglas en inglés) tiene unas normas específicas. Un perro que sea verdaderamente de servicio está permitido en TODOS los lugares públicos. Un perro de soporte emocional no es un perro de servicio según la ADA, pero tiene más privilegios que un perro común y corriente. Para que sea designado como perro de servicio, el animal debe estar "entrenando para trabajar o efectuar una tarea para una persona con discapacidad". Un perro de servicio tiene la capacidad de realizar tareas que la persona no es capaz de hacer, como detectar el comienzo de un ataque de pánico. Para que sea designado como un perro de soporte emocional, la persona debe tener un formulario de diagnóstico de un médico o profesional de salud mental. Los animales de soporte emocional (o ESA, por sus siglas en inglés) están permitidos en las aerolíneas. Las personas deben actuar de forma responsable con los animales que viajan con ellos. Debido a varios incidentes con estos perros, es posible que los perros ESA terminen por ser prohibidos por las aerolíneas. Es importante resguardar todas las medidas de seguridad, como el uso de bozal. Las aerolíneas exigen que los dueños de perros de servicio completen un formulario del Departamento de Transporte de EE. UU. 48 horas antes de su vuelo. Para acceder a él, solo hay que escribir el título completo en un motor de búsqueda.

Hay muchos grupos que entrenan perros de compañía y de servicio. Una de las mejores maneras de encontrar una fuente respetable es a través de referencias positivas de personas que tienen perros de servicio. También es importante entrenar al perro para que conozca la diferencia entre el comportamiento de trabajo y de juego. El cerebro de un perro creará categorías de comportamiento, por ejemplo: cuando lleva el chaleco, trabaja, y cuando no lo lleva, es hora de jugar. El perro necesita que se le enseñe claramente el comportamiento "con chaleco" y "sin chaleco".

Preguntas que hay que hacer al seleccionar un proveedor de perros de servicio

- ¿Qué raza de perros utiliza para que sean perros de asistencia para autistas?
- ¿Podemos (la familia) ayudar a seleccionar el perro para nuestro hijo?
- ¿Empieza el proceso con cachorros, o lo hace con perros adultos?
- Si se trata de cachorros, ¿qué pasará si mi hijo no se lleva bien con el perro? ¿qué puede ocurrir si el proceso de maduración de la personalidad del perro no coincide con la de mi hijo?
- ¿Si se trata de un perro adulto (de dos años o más), éste fue entrenado específicamente para personas con ASD o se ha entrenado de forma generalizada para personas con otras discapacidades?

- Describa el programa de entrenamiento que recibe el perro. ¿Cuánto tiempo dura y hasta qué punto está involucrada nuestra familia?
- ¿El entrenamiento se dirige solo a temas de socialización o los perros están entrenados para manejar situaciones de escape, sensibilidad sensorial, desafíos de comportamiento, situaciones de emergencia, etc.?
- ¿El perro estará entrenado pensando en las necesidades/ comportamientos específicos de mi hijo?
- ¿A qué edad vendrá el perro a casa?
- ¿Estará entrenado para responder a señales con la mano además de órdenes verbales? (Esto es especialmente importante si el niño tiene unas capacidades verbales limitadas o no habla).
- ¿Cuántas veces su organización ha trabajado exitosamente con niños autistas?
- ¿Cuántas veces tuvieron éxito estas colocaciones a lo largo del tiempo?
- ¿Cuánto entrenamiento familiar con el perro necesitamos/se nos proporciona? ¿Se incluye al niño en el espectro o solo a los padres?
- ¿Proporcionan algún entrenamiento para "refrescar los conocimientos" en un futuro?
- ¿Qué tipo de comunicación en curso se incluye con nuestra familia una vez el perro está en casa?
- ¿Tienen alguna referencia de familias de niños con ASD que posean uno de sus perros?
- ¿Cuál es su procedimiento de solicitud?
- ¿Existe una lista de espera, y de ser así, de cuánto tiempo?
- ¿Cuáles son sus honorarios por un perro de asistencia? ¿Hay algún tipo de ayuda económica disponible para esto? ¿Proporcionan algún plan de pago a plazos?
- ¿Qué clase de gastos tendremos que afrontar para mantener al perro?

Existen muchas falsas credenciales sobre perros de servicios. Por esto, es importante asegurarse de estar tratando con gente de reputación. El no hacerlo puede traer graves consecuencias no solo para el niño, sino para la familia completa.

Perros y caballos de terapia

Existe una evidencia creciente de que los perros, caballos y otros animales pueden tener beneficios terapéuticos definitivos. Para las personas con autismo, los perros y los caballos pueden ser muy útiles para enseñarles habilidades sociales. El artículo de Wijkeset (2019) tiene una colección extensa de revisiones. Una revisión de la literatura científica demostró que la equinoterapia mejora las habilidades de comportamiento y la comunicación social, reduce la irritabilidad y tiene efectos calmantes.

Montar a caballo como terapia está siendo cada vez más popular. Cuando yo era una adolescente, mi vida social se movía alrededor de caballos y aprendí habilidades de trabajo limpiando establos. Hay muchos padres protegen demasiado a sus hijos, por lo que tienen ciertas reservas con que practiquen actividades como la equitación terapéutica. Pero la verdad es que, a menudo, son actividades como estas las que permiten que su hijo se desarrolle y les demuestre que es capaz de hacer muchas cosas.

Referencias y lecturas complementarias

Becker, J. and Rogers, E.C. (2017) Animal assisted social skills training for children with autism spectrum disorder, *Anthrozoos*, 302:307-326.

Berry, A. et al. (2013) Use of assistance and therapy dogs of children with autism spectrum disorders, *Journal of Alternative and Complimentary Medicine* 18:1-8.

Borgi, M. et al. (2016) Effectiveness of standardized equine assisted therapy program for children with autism spectrum disorder, *Journal of Autism and Developmental Disorder*, 46:1-9.

Brannon, S. et al. (2019) Service animals and emotional support animals where they are allowed and under what condition? ADA National Network, Information Guidance and Training in the American with Disabilities Act.

Burrows, K.E., Adams, C.L. and Millman, S.T. (2008) Factors affecting behavior and welfare of service dogs for children with autism spectrum disorder, *Journal of Applied Animal Welfare Science*, 11:42-62.

Burrows, K.E., Adams, C.L. and Spiers, J. (2008) Sentinels of safety: Service dogs ensure safety and enhance freedom and well-being for families with autistic children, *Quality Health Research*, 18:1642-1649.

Gabnals, R.L. et al. (2015) Randomized controlled trial of therapeutic horseback riding in children and adolescents with autism spectrum disorder, *American Academy of Child and Adolescent Psychiatry*, 54:541-549.

Grandin, T. (2011) The roles animals can play with individuals with autism, In: Peggy McCardle et al. (editors) *Animals in Our Lives*, Brookes Publishing, Baltimore, MD.

Grandin, T (2019) Case Study: How horses helped a teenager with autism make friends and learn how to work, *International Journal of Environmental Research and Public Health*, 16(13) 2325, doi.org/10.3390/ jerph16132325.

Grandin, T., Fine, A.H. and Bowers, C.M. (2010) The use of therapy animals with individuals with autism, Third Edition, Therapeutic Foundations and Guidelines for Practice, A.H. Fine (Editor) *Animal Assisted Therapy*, Academic Press, San Diego, CA, 247-264.

Gross, P.D. (2005) *The Golden Bridge: A Guide to Assistance Dogs for Children Challenged by Autism and Other Developmental Disorders*, Purdue University Press, West Lafayette, IN.

Harris, A. et al. (2017) The impact of horse-riding intervention on the social functioning of children with autism spectrum disorder, *International Journal of Environmental Public Health*, 14:776.

Llambias, C. et al. (2016) Equine assisted occupational therapy: Increasing engagement in children with autism spectrum disorder, *American Journal of Occupational Therapy*, 70, doi:10.5014/ajot.2016.02070.

O'Hare, M.E. (2013) Animal assisted intervention and autism spectrum disorders: A systematic literature review, *Journal of Autism and Developmental Disorders*, 43:1602-1622.

O'Hare, M.E. (2017) Research on animal assisted intervention and autism spectrum disorder, *Applied Developmental Science*, 21:200-215.

Pavlides, M. (2008) *Animal Assisted Interactions*, Jessica Kingsley Publishers, London, England.

Peters B.C. et al. (2022) Preliminary efficiency of occupational therapy in an equine environment for youth with autism spectrum disorders, *Journal of Autism and Developmental Disorders*, 52(9): 4114-4128

Peters, B.C. et al. (2022) Self-regulation mediates therapeutic horseback riding social functioning outcomes in youth with autism spectrum disorder, *Frontiers in Pediatrics.*

Srinivasan, S.M. et al. (2018) Effects of equine therapy on individuals with autism spectrum disorder: A systematic review, *Review Journal of Autism Developmental Disorders*, 5:156-158.

Trzmiel, T. et al. (2019) Equine assisted activities and therapies in children with autism spectrum disorders: a systemic review and meta-analysis, *Complementary Therapies in Medicine*, 42: 104-113.

Viau, R. et al. (2010) Effects of service dogs on salivary cortisol secretion in autistic children, *Psychoneuroendrocrinology*, 35:1187-1193.

Wijkes, C. et al. (2019) Effects of dog assisted therapy for adults with autism spectrum disorders: An exploratory randomized controlled trial, *Developmental Disorders*, doi.org/10.007/s10803-01903971-9.

Más información

Autism Service Dogs of America (Autismservicedogsofamerica.org)

Therapy Dogs International (www.tdi-dog.org)

4 Paws 4 Ability (4pawsforability.org/autismdogs.html)

Assistance Dogs International

Assistancedogsinternational.org

Canine Companions for Independence

Canine.org

Paws Giving Independence (www.givingindependence.org)

NEADS World Class Service Dogs (Neads.org)

Assistance Dogs for Autism (Autismassistancedog.com)

Pawsitivity Service Dogs (Pawsitivityservicedogs.com)

LA IMPORTANCIA DE ELEGIR

A veces es difícil que los niños y jóvenes en el espectro hagan cosas nuevas o participen en actividades diarias. Cuando tenía miedo de ir al rancho de mi tía, mi madre me dejaba elegir entre ir dos semanas o ir todo el verano. Dándome a elegir, ayudaba a prevenir el problema de la opción de negarme.

Las personas en el espectro a menudo reaccionan mejor cuando tienen alguna opción o control sobre su entorno. Muchos padres me han dicho que a menudo sus hijos se niegan y rechazan hacer algo. Permitir que el niño tenga alguna elección, ayudará a impedir la testarudez y el comportamiento de oposición. Cuando puede elegir, es difícil que el niño conteste "no".

La escuela adecuada para mí

Mi madre me dejaba elegir acerca de cómo participar en una situación nueva. Después de que me expulsaran por haberle tirado un libro a otra niña que me molestaba, mi madre tuvo que buscar otra escuela para mí. Por suerte, había trabajado como periodista de televisión en dos documentales, así que ya había visitado muchas escuelas especializadas en tres estados de la zona donde vivíamos. Primero redujo la lista de posibilidades, eligiendo tres escuelas que había visitado y que realmente le habían gustado. Tuve la oportunidad de visitar las tres. Di una amplia vuelta para descubrir cómo eran realmente. Entonces, mi madre me permitió escoger una de las tres escuelas.

AUTISMO Y EDUCACIÓN: LA MANERA EN QUE YO LO VEO

Limitar el acceso a los videojuegos

Para algunos niños, es esencial limitar el tiempo que pasan con los video-juegos. Una buena manera de hacerlo es establecer la duración de tiempo al que tienen acceso y luego dejar que el niño decida cuándo usará el tiempo que tiene para hacerlo. Por ejemplo, él podría elegir jugar durante una hora cuando vuelve de la escuela, calmándolo después de un largo día . O el niño podría elegir jugar durante una hora después de hacer los deberes. No importa lo que elija, siempre tendrá una sola hora para jugar.

Personalizar la higiene personal

Hay una escena de la película *Temple Grandin* en la que el jefe sacude una barra de desodorante y dice: "Apestas. Úsalo". ¡Esto sucede de verdad! A menudo la higiene es un problema grande con los adolescentes en el espectro. Una forma de abordarlo es darle al adolescente algunas elecciones de productos higié-nicos para usar. Lo que no es negociable es que el adolescente debe bañarse todos los días. Sin embargo, puede ir a la tienda y elegir el jabón o productos que vaya a utilizar.

Hace años, la selección de productos higiénicos era muy limitada. Yo odi-aba los desodorantes pegajosos y viscosos de rollo que eran tan normales en los años 70. Hoy en día, hay un amplio surtido de productos a elegir. El aroma también puede ser un gran problema en el departamento de productos higié-nicos; es importante no sobrecargar a la persona, o no utilizará el producto.

CAPÍTULO 2: ENSEÑANZA Y EDUCACIÓN

Adquirir habilidades de la vida diaria

Existen muchas habilidades que los niños deben aprender (vestirse, tener buenas maneras en la mesa, hacer las tareas de casa). A menudo es más fácil que el niño las cumpla si se le proporciona la oportunidad de elegir.

Vestirse: A menudo, estar listo por la mañana puede ser una lucha para los niños en el espectro. Puede ser tan simple como permitir que el niño escoja entre dos camisas distintas. Yo elegía mi ropa y la dejaba preparada la noche anterior.

Buenas maneras en la mesa: A la hora de cenar, mi madre insistía en las buenas maneras. Al terminar de cenar, podía elegir: podía elegir levantarme pronto de la mesa y quedarme sin postre, o esperar y comer postre. Esas eran las dos opciones. Levantarse pronto de la mesa y tomar postre no estaba permitido.

Tareas domésticas: Si un niño debe hacer tres tareas antes de tener tiempo libre, puedes dejar que el niño elija el orden de las tareas que debe hacer.

Es importante dar elecciones a los niños porque muchas personas la costumbre de decir "no". Si dejamos que los niños tengan elección, les dará tiempo a sus mentes a parar y pensar, en vez de negarse inmediatamente. Resuelve el "no" dando elecciones y la vida diaria fluirá mucho más suavemente para los padres y el niño.

LA IMPORTANCIA DE LAS HABILIDADES DE RESOLVER PROBLEMAS PRÁCTICOS

Tanto los niños "normales" como los que están en el espectro autista necesitan que se les desafíe. Aquellos que me han oído hablar o han leído mis libros, saben que pienso que muchos padres y educadores miman a sus hijos con ASD mucho más de lo que deberían. Los niños con ASD no pueden vivir en una burbuja toda su vida, protegidos de las experiencias normales del mundo que les rodea. Aparte de los problemas sensoriales, los padres necesitan empujar un poco a su niño hacia un avance real para que se produzca un aprendizaje. Esto es especialmente cierto cuando enseñas una habilidad vital fundamental: la resolución de problemas. Ello implica entrenar el cerebro a ser organizado, a descomponer tareas en secuencias de paso a paso, a relacionar la parte del todo, a seguir con la tarea y experimentar una sensación de cumplimiento personal una vez que se ha solucionado el problema.

Los niños aprenden haciendo, y los niños con ASD a menudo aprenden mejor con ejemplos concretos y visibles. Cuando era una niña que crecía en la década de los 50, construí tres casitas del árbol y fui de acampada al patio trasero con otros niños del vecindario. En estas situaciones, varios niños tenían que trabajar juntos para pensar cómo cumplir con la tarea. Teníamos que encontrar madera para la casita, diseñarla, tomar medidas y discutir cómo subir las tablas al árbol y clavarlas en el lugar. Aprendimos probando cosas distintas; algunas cosas funcionaban, otras no. Los experimentos con tablas mojadas para que fueran más fáciles de cortar fue un completo desastre. A partir de nuestras experiencias, aprendimos que las tablas secas eran más fáciles de cortar. El entrenamiento riguroso de turnos que tuve me sirvió mucho en estas actividades de grupo.

CAPÍTULO 2: ENSEÑANZA Y EDUCACIÓN

En nuestra familia jugábamos a muchos juegos de cartas, un método excelente para aprender a turnarse. El aprender a turnarme me ayudó a entender que la gente puede trabajar junta para un fin común; lo que una persona hacía podía afectarme a mí y al resultado del juego de forma positiva o negativa. Me hizo ser consciente de las diferentes perspectivas, que a su vez me ayudaron a convertirme en mejor solucionadora de problemas. Puedo recordar las largas reuniones de planificación que celebrábamos en el patio trasero del campamento. Teníamos que comprar golosinas y bebidas. Todos teníamos que buscar cómo montar una vieja tienda. Ninguno de los padres nos ayudaba, lo que se convertía en una experiencia de aprendizaje valiosa para todos nosotros.

Como yo, muchos niños con ASD tienen una curiosidad natural sobre ciertas cosas. Estos intereses pueden usarse de forma constructiva para para practicar las habilidades de resolución de problemas. A mí me gustaban los juguetes que volaban. En un día de viento, un paracaídas que hice con una bufanda logró volar durante cientos de metros. Pero no al primer intento. Me costó muchos intentos antes de tener éxito. Tuve que investigar cómo impedir que las cuerdas se enredasen cuando lanzaba el paracaídas al aire. Intenté construir una cruz a partir de dos trozos de alambre de percha para atarla a las cuatro cuerdas. Y funcionó.

Cuando estaba en la escuela superior, estaba fascinada por las ilusiones ópticas. Después de haber visto una ilusión óptica llamada la Ames Trapezoidal Window, quería construir una. Mi profesor de teatro me desafió a intentar averiguar por mí misma en vez de darme un libro con un diagrama. Me pasé seis meses trabajando en ello, sin éxito. Entonces, mi profesor me dejó entrever una foto de un libro de texto que mostraba cómo funcionaba la ilusión óptica. Me dio un indicio sin decirme exactamente cómo hacerlo. Me ayudó a desarrollar habilidades de resolución de problemas.

AUTISMO Y EDUCACIÓN: LA MANERA EN QUE YO LO VEO

Hoy, los niños con ASD (y muchos de sus padres) luchan con la resolución de problemas. Esto puede ser parcialmente culpa nuestra como sociedad, ya que hacemos menos trabajo manual práctico y actividades que hacían nuestros homólogos cuando yo crecía. Arreglamos menos, tiramos las cosas que no funcionan y compramos nuevas. Incluso en el mundo de internet no hay necesidad de habilidades para resolver problemas. La clave es empezar con proyectos concretos, manuales, que tengan sentido para el niño, y entonces ir avanzando hacia resolver problemas abstractos que impliquen pensamiento y creatividad, en situaciones sociales y académicas. La capacidad para resolver problemas ayuda a las personas a categorizar y utilizar la enorme cantidad de información en sus mentes, y desde fuentes externas como internet, de una forma inteligente y de éxito. Estas son habilidades vitales, y los padres deberían empezar pronto a incorporar oportunidades de resolver problemas en la rutina diaria de su hijo.

APRENDER A HACER TAREAS QUE LA GENTE APRECIA

Recientemente estaba mirando mi álbum de la escuela superior. A medida que miraba mis fotos, me di cuenta de que había aprendido una habilidad importante, que algunas personas en el espectro autista nunca desarrollan. Tenía una foto tras otra de proyectos que había creado y que habían satisfecho a los demás. Había un portal que había construido para mi tía fuera del rancho y juegos que había hecho para jugar en la escuela. También había fotos de antes y después de la casa de remolcadores que había reformado en mi internado. En principio, teníamos un cable de remolque casero en un feo cobertizo de madera contrachapada. Yo le puse el revestimiento de madera machihembrado en la casa de remolque de esquí, lo pinté y luego instalé un ribete blanco alrededor de las ventanas y la puerta. Estaba decorado de la manera que otros lo hubieran querido. Si hubiera seguido mis propias preferencias, habría pintado imágenes de dibujos animados en él, pero eso no habría ganado la aprobación de mis profesores. En los tres proyectos había creado cosas teniendo en cuenta los pensamientos y preferencias de los que estaban en mi entorno. El resultado final era un reconocimiento positivo hacia mi trabajo.

Durante mis años en la escuela elemental, mi madre, mi niñera, y mis profesores me habían enseñado, primero de forma directa y luego de forma indirecta, que a veces puedes hacer cosas para que te gusten sólo a ti, pero otras veces necesitas hacer cosas que les gustaría a los demás. También se aseguraron de que yo entendiera que a veces se podía elegir, mientras que otras veces era obligatorio. Es una habilidad vital, y es una ventaja si puedes aprenderla pronto en la infancia. Es lo que puede hacer la diferencia entre ser aceptado o aislado de un grupo. Incluso de pequeña hice proyectos que gustaron a otros. Cuando estaba en cuarto grado, cosí vestidos para la obra de la escuela con mi pequeña máquina de coser de juguete.

Pronto aprendí en la escuela que, para tener buenas notas, tenía que atender a las peticiones de mis profesores y seguir sus órdenes. Tanto de pequeña como durante mis años de escuela superior me motivaron dos factores. El primero fue obtener el reconocimiento de los demás, y el segundo, es que disfrutaba viendo que mis creaciones se usaban en lugares y acontecimientos que eran importantes para mí.

A medida que los niños crecen y se convierten en adultos jóvenes, la capacidad de hacer trabajos que gusten a otros es una habilidad esencial para conseguir un trabajo de éxito. A los estudiantes en el espectro se les debería enseñar estas habilidades esenciales mucho antes de graduarse de la escuela superior. La enseñanza debería empezar pronto, mientras el niño es joven, y de forma concreta. Los educadores y padres deben enseñar a estas personas a terminar sus tareas con éxito para que cumplan las especificaciones de otra persona. Si un estudiante está en un club de robótica, debe aprender a hacer un robot que haga una tarea asignada. Un estudiante de una clase de inglés en una escuela secundaria debe aprender a escribir un ensayo que vaya dirigido a la pregunta específica que se haya hecho, incluso cuando es algo que no es interesante para él.

Hace poco, conocí a un hombre brillante con Síndrome de Asperger que acababa de graduarse en la universidad. No tenía ninguna experiencia laboral mientras estaba en la escuela superior o en la universidad, por lo que no tenía ni idea de cómo obtener y conservar un trabajo. Nunca había regado el césped de otra persona, o trabajado en una tienda. Aparte de la universidad, nunca había sido puesto en situaciones en las que necesitase hacer un trabajo siguiendo las órdenes de otra persona. Cuando me gradué en la universidad, yo ya había hecho muchos trabajos e internados. Mi madre se dio cuenta de que preparándome para el mundo exterior necesitaba empezar despacio y fácilmente, e ir construyendo, un acontecimiento, un proyecto, una habilidad tras otra.

Profesores, padres y terapeutas deben ayudar a los estudiantes en el espectro a hacer proyectos según las especificaciones de otras personas. No me di cuenta de lo bien que había aprendido esta habilidad hasta que miré mi viejo álbum de fotos de la escuela superior. Esto me ayudó aún más a darme cuenta de cuánto había crecido y me había desarrollado desde entonces.

Aprender es un proceso constante para todos nosotros. No obstante, el niño con autismo depende de sus padres y profesores para desarrollas habilidades vitales necesarias para sobrevivir y tener éxito, por lo que deben empezar y enseñar estas habilidades desde su más temprana edad.

EL APRENDIZAJE NUNCA TERMINA

Después de cumplir 50 años, mucha gente me dijo que mis conferencias iban siendo cada vez mejores y más fluidas. Mucha gente no se da cuenta de que las personas en el espectro autista nunca terminan de crecer y desarrollarse. Cada día aprendo más y más sobre cómo comportarme y comunicarme.

El pensamiento autista va de abajo hacia arriba, en vez de arriba a abajo, como piensa la gente. Para formar un concepto, pongo muchos pequeños trozos de información juntos. La persona normal forma primero un concepto y después trata de hacer que todos los detalles encajen. Cuanto mayor me hago, más datos recojo y mejor soy formando conceptos. Estar expuesta a muchas experiencias nuevas me ha ayudado a cargar más información en la base de datos de mi mente, mi memoria. Tengo más y más información para ayudarme a saber cómo manejar situaciones nuevas. Para entender algo nuevo, tengo que compararlo con algo que ya haya experimentado.

Internet en mi mente

La mejor analogía de cómo trabaja mi cerebro es esta: es como tener internet en mi mente. La única manera de que mi internet pueda obtener información es a través de la lectura o de las experiencias. Mi mente también tiene una herramienta de búsqueda que funciona como Google para las imágenes. Cuando alguien dice una palabra, veo imágenes en mi imaginación. Debo tener imágenes visuales para poder pensar. Cuando yo era más joven, la librería de imágenes en mi mente era mucho más pequeña, así que tenía que usar símbolos visuales para comprender conceptos nuevos. En la escuela superior, usaba símbolos clave para representar pensamientos sobre mi futuro. Sin el símbolo clave, mi futuro era demasiado abstracto para que yo lo entendiera.

Actualmente ya no uso símbolos clave, porque se han sustituido por imágenes de otras cosas que he experimentado o de cosas que he leído. Cuando leo un libro sin texto descriptivo, lo traduzco a imágenes fotorrealistas. A medida que se van experimentando más y más cosas distintas, más flexible se vuelve mi pensamiento, porque el "internet fotográfico" de mi mente tiene más imágenes y más información sobre la que buscar.

Exponerse a cosas nuevas es esencial

Exponer a cosas nuevas a niños y adultos con autismo y en el espectro de Asperger es realmente importante. Mi madre siempre me hacía probar cosas nuevas, y algunas de las que hacía no me gustaban, pero aun así las hacía.

Cuando tenía unos doce años, mi madre me apuntó a un programa de navegar a vela, dos tardes a la semana durante todo el verano. Era un programa mal ejecutado, y yo lo odié después de las primeras sesiones porque no tenía ningún compañero con el que hacerlo. Aun así, tenía que terminar todas las clases. La lección que aprendí fue que, si empiezas algo, tienes que terminarlo.

De adulta, me motivaba a mí misma para continuar aprendiendo mediante extensas lecturas y experiencias profesionales y personales. En los últimos diez años de mi vida, de los cincuenta a los sesenta, sigo aprendiendo cosas nuevas y mejorando.

Una revelación que tuve cuando tenía alrededor de cincuenta años fue aprender que los seres humanos usan pocas señales visuales que yo no sabía que existían. Aprendí sobre las señales visuales a partir de un libro *Mind Blindness* de Simon Baron-Cohen. Cuando leo sobre literatura del autismo gano mucha introspección, tanto desde los relatos personales de personas en el espectro autista como de la investigación en neurociencia. La investigación científica me ha ayudado a entender en qué es distinto mi cerebro. Esto me ha ayudado a entender mejor a las personas "normales".

Hacer tareas

Hace pocos años me di cuenta de hasta qué punto la enseñanza que tuve durante mi infancia y adolescencia me ayudó más adelante en mi vida. La escuela superior fue una tortura, llena de burlas incesantes, y yo era una estudiante tonta con poco interés en estudiar. Durante años he escrito sobre cómo me motivó mi profesor de ciencias para que estudiara y pudiera convertirme en una científica. Su enseñanza fue extremadamente importante. Más adelante me di cuenta de que, aunque no estudiaba en la escuela, tenía muy buenas habilidades que me ayudaron luego en el mundo laboral. Realicé muchos trabajos que otras personas apreciaron. Limpié los establos, sacaba brillo al techo del granero y pintaba señales. Aunque me obsesioné con esas actividades, era un trabajo útil que otras personas querían que se hiciera.

Para tener éxito, la gente en el espectro debe aprender cómo sacar a relucir sus habilidades y realizar tareas. La capacidad de realizar tareas me la enseñaron mientras era joven. En la escuela secundaria, me motivaron al arte. Disfrutaba de los halagos que obtenía cuando dibujaba un cuadro de algo que alguna otra persona me había solicitado.

Padres y profesores pueden enseñar las bases para que un niño pueda tener éxito en la vida, exponiéndole a muchas experiencias nuevas. Niños y adultos de todas las edades pueden continuar creciendo y evolucionando en su comportamiento y pensamientos. Nunca es demasiado tarde para expandir la mente de una persona en el espectro autista.

TEMPLE GRANDIN, PhD, no habló hasta que tuvo tres años y medio; comunicaba su frustración gritando, haciendo ruidos y zumbando. En 1950, se le diagnosticó autismo y se les comunicó a sus padres que debería ingresar en un centro. Cuenta su historia de "alejarse del lado de la oscuridad" en su libro *Emergence: Labeled Autistic,* un libro que dejó asombrado al mundo porque, hasta su publicación, la mayoría de los profesionales y padres asumían que un diagnóstico de autismo era virtualmente una sentencia de muerte para cualquier cosa que se quisiera conseguir o para ser productivo en la vida. La Dra. Grandin se ha convertido en una autora y conferenciante eminente sobre el tema del autismo porque:

> He leído lo suficiente como para saber que todavía existen muchos padres, y sí, profesionales también, que creen que "una vez que eres autista, siempre serás autista". Este dictamen ha significado unas vidas tristes y lamentables para muchos niños diagnosticados de autismo, como yo lo fui en mi tierna infancia. Para estas personas, es incomprensible que las características del autismo puedan ser modificadas y controladas. No obstante, tengo la enorme certeza de que soy la prueba viviente de que sí se puede.

> — Temple Grandin en *Emergence: Labeled Autistic*

AUTISMO Y EDUCACIÓN: LA MANERA EN QUE YO LO VEO

Aunque fue considerada "rara" durante sus años de estudiante, finalmente encontró un mentor que reconoció sus intereses y capacidades. Más adelante, la Dra. Grandin desarrolló sus talentos en una carrera de éxito como diseñadora de equipo de manejo de ganado, uno de los muy pocos en el mundo. Actualmente ha diseñado las instalaciones en las que se encuentra la mitad del ganado de los Estados Unidos, y es consultora para empresas tales como Burger King, McDonald's y Swift. Hoy en día, la Dra. Grandin es la persona adulta que más ha logrado y la más conocida con autismo en el mundo. Su fascinante vida, con todos los desafíos y éxitos, ha sido llevada a la pantalla. Ha sido invitada en programas de la National Public Radio y en las principales cadenas de televisión, en programas tales como el especial de la BBC "The Woman Who Thinks Like a Cow", en *ABC Primetime Live*, *The Today Show*, *Larry King Live*, *48 Hours* y *20/20*, y se ha escrito sobre ella en muchas publicaciones nacionales, como las revistas *TIME, People, Forbes, U.S. News and World Report* y *The New York Times*. Entre los numerosos reconocimientos de los medios, Bravo emitió un programa sobre su vida, y fue la protagonista del best-seller, *Anthropologist from Mars*. En la actualidad, la Dra. Grandin trabaja como profesora de Ciencia Animal en la Colorado State University. También ha dado conferencias en todo el mundo sobre el autismo y la gestión del ganado. Este best-seller de la Dra. Grandin sobre el autismo es *La Manera En Que Yo lo Veo: Una visión personal sobre el autismo y el Asperger*. También es autora de *Unwritten Rules of Social Relationships, Animals Make Us Human, Animals in Translation, Thinking in Pictures* y *Emergence: Labeled Autistic*.

¿Le ha gustado el libro?

Dinos su evaluación y comparta su opinión.

¿No es lo que esperaba? ¡Cuéntenos!

La mayor parte de las reseñas negativas ocurren cuando el libro no ha cumplido las expectativas. ¿La descripción ha creado expectativas que no se cumplieron? Háganoslo saber para poder hacer las cosas mejor.

Escríbanos a info@fhautism.com.
¡Muchas gracias por su apoyo!

FUTURE HORIZONS